MERIAN *momente*

BASEL

AXEL NOWAK

Zeichenerklärung

- ♿ barrierefreie Unterkünfte
- 👶 familienfreundlich
- 🐕 Hunde erlaubt
- 🕐 Der ideale Zeitpunkt
- 🚩 Neu entdeckt
- Faltkarte

Preisklassen

Preise für ein Doppelzimmer mit Frühstück:
€€€€ ab 300 SFr.   €€€ ab 200 SFr.
  €€ ab 150 SFr.   € bis 150 SFr.

Preise für ein dreigängiges Menü:
€€€€ ab 130 SFr.   €€€ ab 80 SFr.
  €€ ab 30 SFr.   € bis 30 SFr.

BASEL ENTDECKEN 4

Mein Basel 6
MERIAN TopTen 10
MERIAN Momente 12
Neu entdeckt 16

BASEL ERLEBEN 20

Übernachten 22
Essen und Trinken 26
Grüner reisen 30
Einkaufen 36
Kultur und Unterhaltung 40
Feste feiern 44
Im Fokus – Basler Fasnacht 48
Mit allen Sinnen 50

BASEL ERKUNDEN 54

Einheimische empfehlen 56
Stadtteile
Altstadt Grossbasel 58
Vorstädte und Am Ring 74
St. Alban und Breite 82
Kleinbasel 88

Nicht zu vergessen! 96
Museen und Galerien 106
Im Fokus – Basler Daig
muss lange quellen 120
Spaziergang: Kunst und
Kultur in Grossbasel 124

DAS UMLAND ERKUNDEN 128

Baselbiet 130
Rheinfelden 132

BASEL ERFASSEN 136

Auf einen Blick 138
Geschichte 140
Kulinarisches Lexikon 146
Service 148

Orts- und Sachregister 154
Impressum 159
Basel gestern & heute 160

KARTEN UND PLÄNE

Basel Zentrum .... Klappe vorne
Verkehrslinienplan ...... Klappe hinten
Altstadt Grossbasel 60–61
Vorstädte und Am Ring 77

St. Alban und Breite 85
Kleinbasel 91
Spaziergang 127
Basel Umgebung 133

BASEL ENTDECKEN

Bei einer Schifffahrt auf dem Rhein lässt sich Basel vom Wasser aus erkunden.

MEIN BASEL

Am Rhein flanieren, durch die Altstadt bummeln, Museen besuchen, in kleinen Läden stöbern, vorzüglich speisen und fürstlich logieren: Basel verspricht kulturinteressierten Urlaubern eine in jeder Hinsicht genüssliche Zeit.

Basel hat alles, was eine Stadt touristisch interessant macht: den majestätischen Vater Rhein, prächtige Aussichtsplattformen, historische Gebäude und ein reiches Kulturangebot. Wer sich im 600-Meter-Radius um den Barfüsserplatz bewegt, den schwindelt es nur so vor Museen, Theatern, Kirchen, Galerien, Cafés, Bars und Restaurants.
Weniger reizvoll ist die Anfahrt mit dem Auto. Ich habe mir beispielsweise angewöhnt, meine Beifahrer bei der Anreise regelrecht vorzubereiten. Denn bevor Basilisk und Rheinbrücke, Fasnachtsbrunnen und Schiffländi verzaubern, ist die Autobahnausfahrt Basels erste »Sehenswürdigkeit«: Wir starren auf Schallschutzwände, zählen Industrie-Schornsteine und Lagerhallen. Hier soll der Weg zu einer der wichtigsten Schweizer Ur-

◄ Baslerstab: Ein schwarzer Bischofs- oder
Hirtenstab bildet das Wappen der Stadt Basel.

laubsziele führen? Das Navi muss sich täuschen! Gott sei Dank hängt seit einigen Jahren ein Transparent der Touristiker an der Ausfahrt, sonst wären wohl viele geneigt, die Straße in die Basler Innenstadt zu ignorieren.

BASILISK UND LÄLLEKÖNIG

Es dauert nicht lange, bis der erste Eindruck revidiert ist: Stadt, Land, Fluss – Basel verwöhnt mit einer malerischen Altstadt und lebendigen Kulturszene. Beim Bummel durch die Straßen stößt man immer wieder auf einen Bischofsstab. Er ziert Fahnen, Kirchenfenster und sogar Dokumente. Es ist der Baslerstab, das Wappen der Stadt. Als Schildhalter des Wappens hat man ein Fabeltier gewählt, den Basilisken. Er ziert Brunnen und Hausfassaden. Kurios ist jenes Histörchen, das als verbürgt gilt: 1474 verurteilte ein Gericht einen Hahn zum Tode. Ihm wurde vorgeworfen, ein Ei gelegt zu haben, von dem die Bürger befürchteten, ihm könne ein Basilisk entspringen. Das Tier wurde geköpft und das Ei verbrannt.
Es sind die kleinen Symbole und versteckten Hinweise, die Basels Altstadt attraktiv machen. An der Ecke des Hauses Schifflände hängt die Skulptur eines Königskopfes, Lällekönig genannt, der den Passanten die Zunge herauszustrecken scheint. Vis-à-vis führt ein Gässchen den Rheinsprung hinauf, vorbei an Fachwerkhäusern, zum Kollegiengebäude der alten Universität. Die Gasse endet am höchsten Punkt über dem Rhein – am autofreien Münsterplatz mit der Kathedrale aus rotem Sandstein. Nur die modern gestalteten Hausnummern stören die Illusion, sich in vergangenen Jahrhunderten zu befinden. Der deutsche Autor Titus Müller, der mit historischen Romanen Erfolge feiert, verlegte nach einem Besuch der Stadt seine Erzählung »Die Todgeweihte« in das Basel des Jahres 1348. »Ich bin in der Stadt umhergewandert und mit der Fähre ein paar Mal über den Rhein gefahren«, erinnert er sich in einem Interview. »Zwar sehen die Häuser heute zumeist anders aus als zur Zeit des Romans. Ich war aber dennoch überrascht, wie viel Mittelalter Basel atmet.«

IDYLLE UND HIGHTECH

Das Zentrum der Nordwestschweiz schafft scheinbar mühelos den Spagat zwischen mittelalterlicher Idylle und boomendem Hightech-Standort. In der drittgrößten Schweizer Stadt siedelte sich eine Industrie an, deren Produktionsstätten und Schornsteine die Silhouette des Horizonts

prägen. Basel ist nicht nur Standort von Chemie- und Pharmazieriesen wie Novartis oder Roche, die sich unter dem schönen Begriff Life Science verschlagworten lassen. Hier profilieren sich auch Unternehmen der Biotechnologie wie Syngenta oder Lonza. Schon länger macht der Begriff »BioValley« – in Anlehnung an das »Silicon Valley« in Kalifornien – die Runde. Er steht für innovative Forschung zukunftsträchtiger Branchen in der Nordwestschweiz, dem Elsass und Südbaden.
Rund 50 000 Arbeitskräfte aus den Nachbarstaaten Frankreich und Deutschland pendeln Tag für Tag nach Basel, um am Wirtschaftswachstum mitzuwirken. Das Einzige, was stagniert, scheint die Arbeitslosenquote zu sein: Nur selten lag sie in den letzten zehn Jahren höher als vier Prozent – dennoch meist über dem Durchschnitt der gesamten Schweiz.
Am Rheinknie, wo sich der Strom in einer 90-Grad-Kurve nach Norden windet, um an der französisch-deutschen Grenze entlang zur Nordsee zu fließen, breitet sich die Stadt zu beiden Seiten des Flusses aus. Linksrheinisch liegt Grossbasel, auf der anderen Seite Kleinbasel, das im 13. Jahrhundert gegründet wurde, um als Puffer für Grossbasel zu dienen, das durch den Bau einer Brücke seinen natürlichen Schutz – den Rhein – verloren hatte. Von Anfang an galt Kleinbasel als »mindere Stadt«, und selbst nach ihrem Kauf Ende des 14. Jahrhunderts kam keine emotionale Nähe auf. Die spottende Grimasse des Lällekönigs weist auf dieses gespannte Verhältnis hin: In Grossbasel wohnt das gut situierte Bürgertum, finden sich Nobelboutiquen sowie die meisten Museen. Kleinbasel dagegen ist multikulturell, das Angebot in den Geschäften einfacher und Passanten nicht so edel gekleidet wie links des Rheins. Es gibt tatsächlich Grossbasler, die kein Restaurant, keine Kneipe, keine Bar in Kleinbasel kennen. Der Apéro, ein Aperitif, zu dem man sich bevorzugt nach der Arbeit trifft, wird in Grossbasel eingenommen. Ebenso gibt es Kleinbasler, denen es nicht in den Sinn kommen würde, sich linksrheinisch zu amüsieren. Es ist schlicht selbstverständlich und hat nichts mit Engstirnigkeit zu tun.

SÖHNE DER STADT

Hätten sonst große Geister in Basel gelebt, studiert und gelehrt? Der Humanist und Theologe Erasmus von Rotterdam wirkte hier ebenso wie der Naturforscher Paracelsus und der Maler Hans Holbein der Ältere. Der Philosoph Friedrich Nietzsche lehrte zehn Jahre klassische Philologie an der Universität. Der Künstler Arnold Böcklin und der Schriftsteller Urs Widmer wurden hier geboren, der deutsche Dramatiker Rolf Hochhuth wählte die Kulturstadt zu seinem Lebensmittelpunkt.

Basel benötigt kaum Parkplätze, höchstens für Eilige, und die begnügen sich gerne mit einer Parkzeit beschränkenden Uhr. Basel ist die Stadt der öffentlichen Verkehrsmittel, der Rheinfähren, der Busse und – allen voran – der Straßenbahnen. Die Tram dominiert das Straßenbild: Am Aeschen-, Markt- oder Barfüsserplatz vergehen keine 60 Sekunden, ohne dass eine grün (Innenstadtverkehr) oder gelb lackierte (Innenstadt und Umland) Bahn die Haltestellen passiert.

VIELFALT UND LEBENSQUALITÄT

Besuchern sei empfohlen, die Stadt zu Fuß zu erkunden: Denn Museen, Sehenswürdigkeiten und Einkehrmöglichkeiten liegen oft nur einen Steinwurf voneinander entfernt – wie an besagtem Barfüsserplatz, der typisch ist für die Vielfalt und Kompaktheit dieser Stadt und viel zur Lebensqualität beiträgt. Hier finden sich in engem Umkreis zahlreiche Cafés, trendige Bars, gemütliche Restaurants, interessante Museen, Brunnen, altehrwürdige Kirchen und Theater. Die Barfüsserkirche gegenüber, ein ehemaliges Gebetshaus, von den Franziskanern gegründet, ist heute Sitz des Historischen Museums. Dahinter, am Steinenberg, nutzen die Skulpturen des berühmten Tinguely-Brunnens die Wasserkraft für stete Bewegung. Daneben befindet sich das Theater, ein paar Meter weiter die Kunsthalle, treppaufwärts geht es zur Elisabethenkirche.

Das Tempo des Lebens ist gemächlich, weit weniger hektisch als beispielsweise in Deutschland. Selbst wenn plötzlich Rauchschwaden über dem Rhein aufsteigen, die Behörden zum Schließen der Fenster mahnen und eine Stunde später Entwarnung geben, verzeichnet die Polizei, dass »das Leben in der Stadt seinen gewohnten Gang« genommen hätte.

Das macht den Basler Geist aus: keine Spur von Hysterie, kaum ein Ansatz von Großmannssucht. Der Genius loci, der über den historischen Gässchen und mittelalterlichen Gebäuden, dem sandsteinroten Rathaus oder dem zwölfeckigen Fischmarktbrunnen schwebt, wird getragen vom unaufgeregten Selbstverständnis seiner Bewohner.

DER AUTOR

Nach einem Tageszeitungsvolontariat arbeitete **Axel Nowak** für regionale und überregionale Magazine und war u. a. Mitglied der Chefredaktion von »Prinz«, »connect« und »Top Of The Pops«. Familiäre Bindungen in Basel und Bern führen ihn von Jugend an regelmäßig in die Schweiz. Heute schreibt er für verschiedene Medien in den Bereichen Reise und Lifestyle.

MERIAN TopTen

Diese Höhepunkte sollten Sie sich bei Ihrem Besuch auf keinen Fall entgehen lassen: Ob die BarRouge im Messeturm, das Rathaus oder die Fondation Beyeler – MERIAN präsentiert Ihnen hier die wichtigsten Sehenswürdigkeiten in Basel.

1 BarRouge im Messeturm
Vom 31. Stock des Messeturms lässt sich beim Apéro der Blick auf die Stadt genießen (▶ S. 41, 89).

2 Münster
Das romanisch-gotische Gotteshaus, Wahrzeichen der Stadt, thront majestätisch über dem Rhein (▶ S. 52, 62, 126).

3 Rathaus
Auf dem Marktplatz, der früher Treffpunkt der Menschen und Handelsplatz zugleich war, errichteten die Basler ihr rotes Rathaus. Am schönsten ist es, wenn die Sonne die Fassade rotgolden färbt (▶ S. 63, 126).

4 Rheinfähren
Seit 1854 sorgen die »Fähri« – die Fußgängerfähren – für eine romantische Verbindung zwischen Gross- und Kleinbasel (▶ S. 64, 127).

5 Tinguely-Brunnen
Hier bewegt sich immer etwas: Zehn Skulpturen bilden den Tinguely-Brunnen und machen ihn zum Treffpunkt im Herzen der Stadt (▶ S. 64, 125).

6 Basler Riviera
Die Stufen am Rheinufer auf Kleinbasler Seite verführen bei schönem Wetter zu einer Verschnaufpause mit Aussicht (▶ S. 46, 89, 126).

⭐ Römerstadt Augusta Raurica

Augst, etwa 12 km östlich von Basel gelegen, war einst eine römische Kolonie mit fast 20 000 Einwohnern – viel davon ist erhalten geblieben oder wurde rekonstruiert: ein faszinierender Einblick in das Leben im Altertum (▶ S. 99, 126).

⭐ Fondation Beyeler

1997 eröffneten Hildy und Ernst Beyeler in Riehen, etwas außerhalb von Basel, ein spektakuläres Museum für zeitgenössische Kunst (▶ S. 107, 109).

⭐ Museum Tinguely

»Ich baue in sich freie Maschinen …« – das Haus gibt Jean Tinguelys Skulpturen den nötigen Spielraum (▶ S. 114).

⭐ Vitra Design Museum

Formvollendet: Kunst am Bau und Kunst im Bau – das Vitra Design Museum vor den Toren Basels im deutschen Weil am Rhein hat beides zu bieten und ist eines der führenden Designermuseen weltweit (▶ S. 118).

MERIAN Momente
Das kleine Glück auf Reisen

Oft sind es die kleinen Momente auf einer Reise, die am stärksten in Erinnerung bleiben – Momente, in denen Sie die leisen, feinen Seiten der Stadt kennenlernen. Hier geben wir Ihnen Tipps für kleine Auszeiten und neue Einblicke.

❶ Sightseeing mit der Basler Personenschifffahrt C4

Lassen Sie sich doch auf einem der vier Schiffe über den Rhein schippern, um Basel und seine Umgebung ganz entspannt auf dem Wasserweg zu erkunden. Die Basler Personenschifffahrt BPG bietet ganzjährig fast täglich Unterhaltungs- und Charterfahrten auf dem Rhein an: mal mit Vier-Gänge-Menü und Weinprobe, mal mit Livemusik, mal zum Sonntags-Brunch oder zum Captain's Dinner, mal als Stadt- und Hafenrundfahrt vom Dreiländereck bis ins St. Alban-Tal. Nicht nur für Kinder sind die Ausflüge zu den Schleusenanlagen in Birsfelden und Augst besonders spannend, schließlich wird das Niveau des Schiffs je nach Wasserstand um bis zu 9 m angehoben bzw. gesenkt. Die Schiffe der BPG sind im Rheinhafen beheimatet, die dem Zentrum nächst gelegene Anlegestelle ist die Schifflände an der Mittleren Rheinbrücke.

Altstadt Grossbasel | Schifflände | Tram, Bus: Schifflände | Tel. 0 61/6 39 95 00 (Reservierung) | www.bpg.ch

Basler Riviera: ein Platz zum Entspannen C4

Riviera! Das ist das Mittelmeer! Ligurien! Côte d'Azur! Möglicherweise ... Riviera, das ist mit einem Augenzwinkern auch Basel, schließlich stammt der Name von »rive« oder »riva« ab, was im Französischen bzw. Italienischen »Ufer« bedeutet. Und Ufer hat Basel dank des Rheins nicht zu knapp. Hier können die Besucher in Straßencafés sitzen oder auf den Stufen der lang gezogenen Steintreppe picknicken. Das Motto, das hier gilt, ist auf jeden Fall: bitte einfach entspannen.
Kleinbasel

Federn wie die Finnen D2

Finnenbahnen sind Parcours aus Rindenmulch, einer Mischung aus Sägespänen und Baumrinde. Darauf zu laufen oder auch einfach nur zu gehen, ist gelenkschonend und fühlt sich an, als ob der Körper auf einem flauschigen Teppich federn würde – vor allem, wenn man barfuß läuft! Ideal zum Abschalten. Eine der attraktivsten Rundstrecken – etwas mehr als 500 m lang – befindet sich im Wald der Langen Erlen. Das ist ein beliebtes Naherholungsgebiet der Basler, das gleichsam die natürliche Grenze zu Deutschland bildet. Auf dem Terrain befindet sich übrigens auch Basels ältester Tierpark (im Jahr 1871 gegründet) mit Reh, Rot- und Damhirschen, Wapitis – und niedlichen Kapuzineraffen.

Hirzbrunnen | Eingang Freiburgerstrasse | Bus: Lange Erlen | www.erlenverein.ch | März–Okt. tgl. 8–18, Nov.–Feb. tgl. 8–17 Uhr | Eintritt frei

Mariastein: Wundern auf der Spur ▶ S. 133, b2

Genießen Sie bei einem Ausflug nach Mariastein die Aussicht, Idylle und Natur in der kleinen Gemeinde, die malerisch auf einem Berg liegt. Der magische Ort, nur 18 km von Basel entfernt, war im Mittelalter Schauplatz eines Ereignisses, das zur Legende wurde und die Christenheit bis heute an ein Wunder glauben lässt. Im 14. Jh. hütete eine Bäuerin mit ihrer Tochter das Vieh auf der Wiese, auf der heute das Kloster steht. Von Müdigkeit überwältigt, zog sie sich in eine schattige Höhle zurück. Als sie aufwachte, war das Kind verschwunden. Die Frau rannte ins Tal und fand dort ihre Tochter wohlauf. Diese erzählte ihr von der Rettung

durch die Gottesmutter, als sie von einem Felsen stürzte. Die Wunder scheinen sich zu wiederholen: Der Weg durch den linken Trakt des Klosters ist mit zahllosen Dankestafeln gepflastert, auf denen Gläubige Maria für ihre Rettung danken. Er endet in einer unterirdischen Felsengrotte mit der Gnadenkapelle und dem Altar der Mutter Gottes: Maria mit dem Jesuskind, Maria in Stein.

Mariastein | Kirchplatz | Tram: Flüh, umsteigen in Postauto 69 Mariastein | www.kloster-mariastein.ch
– Kloster: Mo–Sa 8–8.45, 10–11.45, 14–14.55, 15.30–17.45, So 8.30–9.15, 10.30–12.15, 14–14.45, 15.45–17.45 Uhr
– Felsengrotte: Mo 7–19.15, Di–So 6–19.15 Uhr

5 Dampfbad Basel-St. Johann

Entspannen an Bahngleisen? Aber Ja! Das stillgelegte Stellwerk (an den ebenfalls stillgelegten Gleisen) bietet seit 2011 auf 400 qm einen Ort der türkischen Bade- und Körperkultur: Dampfbad plus Hamam und eine Reihe Massagen. Tipp: Wer danach weiterhin Lust auf diese coole Location hat, schaut sich die Nomen-est-Omen-Lounge »HinterdemBahnhofgehtdieSonneunter« an: eine tolle Industrial-Umgebung mit Szene- und Künstler-Publikum; liebevoll gepflegt und noch touristenfrei! Den Besuch des Hamam bitte so planen, dass man zum Sonnenuntergang die Lounge erreicht.

St. Johann | Vogesenplatz 1 | Tram: Bahnhof St. Johann | Tel. 0 61/3 22 15 05 | www.dampfbadbasel.ch | Mo–Fr 11.30–22, Sa 10–22, So 10–20 Uhr | 30 SFr. (Dampfbad), 74 SFr. (Hamam)

Lounge: Tel. 0 61/3 22 22 27 | www.hinterdembahnhofgehtdiesonneunter.ch | ca. April–Okt. Mo–So ab 17 Uhr

6 Blindekuh: ein Geschmackserlebnis C6

Der Slogan »Speisen mit allen Sinnen« wird häufig strapaziert – jetzt passt er: Die Blindekuh verschafft ihren Gästen ganz besondere Erlebnisse, indem sie den Geschmacks-, Geruchs- und Hörsinn schärft. Denn hier wird im Dunkeln gegessen! Dunkel bedeutet finster, stockfinster. Blinde und Sehbehinderte servieren beispielsweise Tartar von geräuchertem Fisch auf Pumpernickel oder Riesen-Champignons mit Kürbismoussefüllung. Sehende werden an ihre Plätze und auch ansonsten rundum begleitet. Nur die Sinne müssen sich im Verlaufe des Abends ohne Hilfe schärfen! Übrigens: Die Toiletten sind beleuchtet, und der Koch ist wachen Auges.

Gundeldingen | Dornacherstr. 192 | Tram: Tellplatz, Bus: Bruderholzstrasse | Tel. 0 61/3 36 33 00 | www.blindekuh.ch | Mi–Fr 18–24, Sa 18–1 Uhr | €€

7 Vollmondbar

Die Vollmondbar – wer hat's erraten? – hat nur einmal im Monat geöffnet.

Alle 29 Tage, zwölf Stunden und 44 Minuten trifft man sich hier zu Livemusik, offenem Feuer, Paella oder »Schüfeli und Härdöpfelsalat« (Schäufele und Kartoffelsalat) und lässt den kühlen Schein bei hoffentlich klarer Nacht wirken. Post-avantgardistische Atmosphäre in den ehemaligen Landwerkstätten und Büros des Transportunternehmens Neptun AG im Basler Hafen.
Kleinhüningen | Hafenstr. 25 | Tram: Kleinhüningen | Tel. 0 79/7 45 71 31 | www.vollmondimhafen.ch

8 Hoosesagg-Museeum B4

Das schnuckelige Imbergässlein, das als Verlängerung der Sattelgasse über zig Stufen vom Marktplatz zum Nadelberg führt, ist mit seiner mittelalterlichen Struktur eine beliebte Route für Touristen. Im Haus Nr. 31, dem Haus »Zum großen Christoffel«, soll einst Basels erste Hebamme gewohnt haben. Viele Besucher versuchten durch das Fenster an der Eingangstür einen Blick ins Innere zu erhaschen, als ob sie hofften, das Kindsbett der Hebamme würde noch drinnen stehen. Die Bewohner behalfen sich auf ungewöhnliche Weise: Wenn die Leute schon schauen wollen, sollen sie auch was Interessantes sehen. Aus dieser Überlegung heraus entstand 1995 Basels kleinstes »Museeum« – »Hoosesagg« heißt Hosentasche – im Fenster der Eingangstür. Seither kann dort jedermann einmal im Monat ausstellen, was ihm wichtig ist: Ferrari-Spielzeugmodelle oder Quietsche-Entchen – Hauptsache urig.
Altstadt Grossbasel | Imbergässlein 31 | Tram: Marktplatz | www.hoosesagg museum.ch

NEU ENTDECKT
Darüber spricht ganz Basel

Basel befindet sich stetig im Wandel: Sehenswürdigkeiten werden eingeweiht, es gibt neue Museen, Galerien und Ausstellungen, Restaurants und Geschäfte eröffnen und ganze Stadtviertel gewinnen an Attraktivität, die Stadt verändert ihr Gesicht. Hier erfahren Sie alles über die jüngsten Entwicklungen – damit Sie keinen dieser aktuell angesagten Orte verpassen.

◄ Mediterrane Leichtigkeit liegt über der Strandbar Terrazza Hangout (► S. 18).

ÜBERNACHTEN

Hotel Spalenberg　　　🍃 B 4

Das Gästehaus schräg gegenüber vom Spalentor ist frisch renoviert und sehr geschmackvoll ausgestattet. Hell eingerichtet ohne kühl zu wirken, dominieren die Farbtöne Braun, Beige und Weiß. Jedes Zimmer hat DVD-Player, Radiowecker und Kaffeemaschine.

Am Ring | Schönbeinstr. 1 | Tram, Bus: Spalentor | Tel. 0 61/2 62 26 26 | www.hotelspalentor.ch | 40 Zimmer | ♿ | €€€

ESSEN UND TRINKEN

RESTAURANTS

Gasthof Neubad　　　🍃 A 6

Das Haus von 1765 diente früher als Heilbad und ist unter der Führung von Julie und Philipp Wiegand vom Gault Millau auf Anhieb mit 13 Punkten dekoriert worden. Mittags gibt es zwei- oder dreigängige Menüs, abends einen fünfgängigen, jeden Tag neu komponierten Gaumenschmaus.

Binningen | Neubadrain 4 | Tram, Bus: Neubad | Tel. 0 61/3 01 34 72 | www.gasthofneubad.ch | Di–Fr 12–14, 18–22, Sa 18–22 Uhr | €€€

Hasenburg　　　🍃 B 4

Diese typische Basler Beiz ist seit Langem eine wahre Institution in Basel, und man bangte, wer sie wohl übernehmen wird, nachdem das Pächterpaar seinen Rückzug ankündigte. Der neue Wirt, Daniel Rieder, ist der Sohn einer ehemaligen Hasenburg-Pächterin. Und er verspricht, dass die Küche etwas leichter wird. Aber »Läberli mit Röschti« wird es weiterhin geben! Übrigens: Wer die Stufen in den ersten Stock erklimmt, entdeckt die edle Variante der Hasenburg: weiße Tischdecken, Kerzenlicht und raffinierte Fleisch- und Fischgerichte.

Altstadt Grossbasel | Schneidergasse 20 | Tram: Marktplatz, Schifflände, Bus: Schifflände | Tel. 0 61/2 61 32 58 | Beiz: Mo–Sa 10–24 Uhr, 1. Stock: Mo–Fr 11.45–14, 18–23.30, Sa 18–23.30 Uhr | €€

Jay's Indian Restaurant im Ackermannshof　　　🍃 B 3

Wer sich für Basels Gastro-Szene interessiert, trifft immer wieder auf Astrid und Dominic Lambelet. Beide haben dem Gundeldingerhof ebenso zu exzellentem Ruf verholfen wie dem Rollerhof. Jetzt zieht sich das Paar zurück und hat einen Nachfolger auserwählt: Jayesh Kumar, Inhaber von Jay's Restaurant. Damit zieht die moderne indische Küche in die hellen Räume des Ackermannshofs ein und verwöhnt die Gäste mit orientalischen Gerichten.

Vorstädte | St. Johanns-Vorstadt 21 | Tram, Bus: Johanniterbrücke | Tel. 0 61/2 61 50 22 | www.ackermannshof-restaurant.ch | Di–Fr 11.30–14.30, 17.30–24, Sa 17.30–24 Uhr | €€

Santa Pasta C4
Die Tafel an der Wand zählt auf: 1. Pasta, 2. Größe, 3. Sauce: Wer Frage 1 mit ja beantwortet und sich bei den anderen zwischen drei Optionen schnell entscheidet, ist hier richtig: Take-Away-Pasta, nur mittags, aber: Die Nudeln sind selbstgemacht, die Saucen aus Zutaten der Saison.
Altstadt Kleinbasel | Rheingasse 47 | Tram, Bus: Rheingasse | Tel. 0 79/4 55 46 82 | www.santapasta.ch | Mo–Fr 11.30–13.30 Uhr | €

Volkshaus Basel C4
Eine Basler Institution wurde nach Jahrzehnten der Bedeutungslosigkeit reanimiert: Nach Umbau und Renovierung ist das Lokal stylish-elegant, vielleicht etwas zu nüchtern. Toll: das Meer an Tropfen-LEDs an der Decke, nachempfunden dem Original-Volkshaus von 1925. Regelmäßige Kulturveranstaltungen in den Sälen.
Altstadt Kleinbasel | Rebgasse 12–14 | Tram, Bus: Claraplatz | Tel. 0 61/6 90 93 10 | www.volkshaus-basel.ch | Mo–Do 8–1, Fr, Sa 8–2 Uhr | €€

CAFÉS
Feldberg Kiosk C3
Der »Dreiecksplatz« im Claraquartier – steht so in keinem Stadtplan – war früher ein Ort wie Gotham City: Junkies, Dealer! – na gut, vielleicht nur so ähnlich und auch nicht so groß. Hier steht seit 1910 ein Kiosk, der jahrelang verfiel. Jetzt haben ihn vier junge Macher wiederbelebt und einen Treffpunkt geschaffen – vor allem fürs Quartier, wie Theo Reichert, einer der Geschäftsführer, beteuert. Hier gibt es den ganzen Tag Frühstück, mit oder ohne Bagels.
Clara | Feldbergstr. 60 | Tram, Bus: Feldbergstrasse | Tel. 0 61/2 22 20 89 | www.feldbergkiosk.ch | Di–Fr 7.30–22, Sa, So 10–22 Uhr

Jonny Parker B3
Der neu erbaute Pavillon mit dem voll verglasten Restaurant/Café macht den St. Johanns-Park wieder zum Anziehungspunkt. Schöne Terrasse mit Blick ins Grüne und auf den nahen Rhein. Achtung: Öffnungszeiten variieren und werden verlässlich auf Facebook bekannt gegeben, nicht jedoch auf der Homepage.
Vorstädte | St.-Johanns-Park 1 | Tram: Mülhauserstrasse | Tel. 0 61/3 21 28 37 | www.jonnyparker.ch | So–Do 9–23, Fr, Sa 9–24 Uhr

Terrazza Hangout B3
Palmen, Sand und Liegestühle: Basels Strandbar ruft beim Restaurant Rhypark an der Dreirosenbrücke. Wenn das Thermometer mindestens 18 °C meldet, sind die neun Lounges geöffnet. Sonntags dürfen die Gäste ihre Würste mitbringen und auf den bereitgestellten Grill legen.
Vorstädte | Mülhauserstr. 17 | Tram: Mülhauserstrasse | Tel. 0 61/3 22 10 40 | www.restaurantrhypark.ch | Mo–Do 17–22, Fr, Sa 17–23, So 14–22 Uhr

EINKAUFEN
Markthalle C5
Der markante Bau mit der Achteckkuppel von 1929 verkam zuletzt zum Gemischtwarenladen mit Computergeschäften und Billig-Boutiquen. Jetzt wurde das Konzept überarbeitet: Verweilen und Genießen könnte das Motto heißen. Es gibt nur noch Händler,

die mit Essen und Trinken zu tun haben: darunter Demeter-Bauern, Take-Away-Stände, Bäcker und Gastronomen mit großzügigen, bequemen Sitzgelegenheiten.
Am Ring | Steinentorberg 20 | Tram, Bus: Markthalle | www.altemarkthalle.ch | Mo–Mi, Fr, Sa 7.30–21, Do 7.30–22 Uhr, So Sonderveranstaltungen (www.sonntagsmarkthalle.ch)

Stucki C6
Die Garagen vor ihrem bekannten Gourmet-Restaurant Stucki haben Tanja und René Graf Grandits in einen kleinen Laden verwandelt. Hier verkaufen sie Antipasti, Dressings, Wein, frisches Brot und Zutaten, mit denen die Chefköchin im Restaurant ihre Speisen zubereitet – beispielsweise Gewürze aus ihrer Aromenküche wie »Alge, grüne Chili und Zitronengras«.
Bruderholz | Bruderholzallee 42 | Tram: Studio Basel | Tel. 0 61/3 61 82 22 | www.tanjagrandits.ch | Di–Sa 9–18 Uhr

KULTUR UND UNTERHALTUNG
CLUBS
Balz Klub C5
Feiern und tanzen ist angesagt. Der Balz ist der neueste Spross der hiesigen Partyszene und versteht sich als »Scharnier zwischen Barkultur und Clubbetrieb«.
Vorstädte | Steinenbachgässlein 34 | Bus: Steinenschanze | www.balzklub.ch | Mo–Mi 18–1, Do–Sa 18–5 Uhr

Lady Bar & Feldberg C3
In das ehemalige Freudenhaus ziehen heute DJs und Bands und alle, die den neuen Ruf von Kleinbasel als kreativem Hotspot erleben wollen. Zum Essen geht es nebenan ins Feldberg, wo Pierre Mendy französische Küche kredenzt.
Matthäus | Feldbergstr. 47 | Lady Bar: Mi–Do 19–2, Fr, Sa 19–4 Uhr | Feldberg: Di–Fr 11.30–14, 18–24, Sa 17–1 Uhr

Weitere Neuentdeckungen sind durch dieses Symbol gekennzeichnet.

Ausgelassene Partystimmung herrscht im angesagten Balz Klub (▶ S. 19), wo man bis zum frühen Morgen feiern und abtanzen kann, »balzen« inklusive.

BASEL ERLEBEN

Bis ins 14. Jh. war das rechtsrheinische Kleinbasel (▶ S. 88) eine eigene Stadt.

ÜBERNACHTEN

Wohnen mit Flair: Die schönsten Zimmer Basels liegen im historischen Zentrum und bieten entweder Blick auf den Rhein oder auf die malerische Altstadt – fast zu idyllisch, um dort nur zum Nächtigen einzukehren.

Basels Hoteliers frohlocken: Um mehr als 50 % legten die Übernachtungen in den letzten zehn Jahren zu. Damit ist die Region sozusagen der Überflieger unter den Schweizer Destinationen. Besonders gut ausgelastet sind die Hotels, wenn die Stadt mit besonderen Messen oder Events lockt, etwa der Kunstmesse Art Basel im Juni, dem Basel Tattoo im Juli sowie den spektakulären Sonderausstellungen in den Kunstmuseen. Für Urlauber heißt das: Die **Zimmerpreise** bleiben auch dank des starken Schweizer Frankens auf hohem Niveau. Zu Messezeiten ist selbst im 50-Kilometer-Radius kaum eine günstig Unterkunft zu finden, weil auch die Preise im deutschen Grenzgebiet dem schweizerischen Gesetz von Angebot und Nachfrage folgen.

Basel Tourismus (www.basel.com) hat gerade zu beliebten Events wie Fasnacht immer wieder preisgünstige Übernachtungsmöglichkeiten mit

◀ Schon Napoleon wusste den Komfort des Luxushotels Les Trois Rois (▶ S. 25) zu schätzen.

Frühstücksbuffet im Angebot. Da heißt es frühzeitig planen, denn früh buchen kann sich auszahlen. Übrigens kommt zum Zimmerpreis noch eine Gasttaxe von 3,50 SFr. hinzu; damit wird zum Teil das »Mobility Ticket« finanziert, das jeder Gast bei Buchung erhält – es erlaubt freie Fahrt in drei Zonen des Tarifverbunds Nordwestschweiz.

ZIMMER MIT AUSSICHT

Wer im Urlaub Wert auf Komfort legt, wer morgens den Vorhang zurückziehen und den Blick über den Rhein hinweg auf den anderen Teil der Stadt werfen möchte, hat Auswahl zwischen vier Logen: auf Kleinbasler Seite die Hotels Krafft Basel, Hecht am Rhein sowie das Hotel Merian am Rhein. Gegenüber bietet sich allein das legendäre und luxuriöse Fünf-Sterne-Superior Grand Hotel Les Trois Rois an, eines der ältesten Häuser der Schweiz, das als Herberge erstmals 1681 belegt war.

BESONDERE EMPFEHLUNGEN

Hotel Basel B 4
Zuvorkommender Service – Im Vier-Sterne-Haus sind die Standardzimmer mit Teppichböden ausgelegt, im Badezimmer sorgt Marmor für einen Hauch von Luxus. Wer es noch geschmackvoller wünscht, wählt für ein romantisches Wochenende zu zweit die »Looverooms«, die es inklusive Champagner und »Genießermenü« im Paket zu buchen gibt. Auffallend: der zuvorkommende Service im familiengeführten Betrieb.
Altstadt Grossbasel | Münzgasse 12 | Tram: Marktplatz | Tel. 061/264 68 00 | www.hotel-basel.ch | 72 Zimmer | €€€

Hotel D B/C 4
Moderner Komfort – Häuser, die auf seltsam gemusterte Polsterungen verzichten, und denen ein Teppichboden als Auslegeware ebenso milbenverdächtig vorkommt wie dem Gast, sind im Kommen, und das Hotel D gehört zu ihnen. Die Zimmer sind klein, die Badezimmer mit den Mosaikkacheln apart gestaltet. Sauna und Fitnessraum.
Altstadt Grossbasel | Blumenrain 19 | Tram, Bus: Schifflände | Tel. 061/272 20 20 | www.hoteld.ch | 48 Zimmer | €€€

Hotel Merian C 4
Traditionsreich und gediegen – Das Hotel Merian am Rhein liegt direkt an der Mittleren Brücke, und die schönsten Zimmer erlauben einen Blick auf den Fluss und das Altstadt-Ensemble von Grossbasel. Bekannt ist zudem die Küche des Café Spitz für ihre erlesenen Fischspezialitäten, die im Sommer in der »Rhylaube« und auf der »Rhyterrasse« serviert werden.

Altstadt Kleinbasel | Rheingasse 2 | Tram, Bus: Rheingasse | Tel. 0 61/6 85 11 11 | www.hotel-merian.ch | 63 Zimmer | 🐴 | €€€

Hotel St. Gotthard Basel　　🏷 C5
Familiär – Seit vier Generationen führt Familie Geyer das Hotel mit Blick auf den Bahnhof. Alle Zimmer sind individuell gestaltet, viele mit Kunstobjekten dekoriert. Sehr geschmackvoll ist der Frühstücksraum im Belle-Époque-Stil.
St. Alban | Centralbahnstr. 13–15 | Tram, Bus: Bahnhof SBB | Tel. 0 61/2 25 13 13 | www.st-gotthard.ch | 95 Zimmer | ♿ | 🐴 | €€€

Krafft Basel　　🏷 C4
Geschmackvoll – Die Zimmer sind modern zurückhaltend eingerichtet, zur Rheinseite bieten Balkone eine prächtige Aussicht auf den Fluss und nach Grossbasel. In Zimmer 401 wohnte Hermann Hesse, als er in den 1920er-Jahren »Der Steppenwolf« schrieb.
Altstadt Kleinbasel | Rheingasse 12 | Tram, Bus: Rheingasse | Tel. 0 61/6 90 91 30 | www.krafftbasel.ch | 48 Zimmer | 🐴 | €€€

Ramada Plaza Basel　　🏷 D3
Traumhafte Aussicht – Das Hotel residiert im 105 m hohen Messeturm, der 2003 eröffnet wurde. Dementsprechend modern ist nicht nur die Lobby mit der Checkpoint-Bar. Auch die 224 Zimmer dürften Freunde moderner Architektur ansprechen: reduzierte, geschmackvolle Einrichtung, ein transparenter, beleuchteter Boden im Badezimmer. Ein Traum: Vom Bett aus eröffnen zwei Fensterfronten einen unvergleichlichen Blick über die Stadt. Das Hotelrestaurant Filou kredenzt kreative, marktfrische Küche.
Rosental | Messeplatz 12 | Tram: Messeplatz | Tel. 0 61/56 04 00 | www.ramada.de | 224 Zimmer | ♿ | 🐴 | €€

Stadthof　　🏷 C4
Unschlagbar günstig – Schon seit Anfang des 19. Jh. beherbergt der Stadthof am Barfüsserplatz Gäste. Dusche und Toiletten befinden sich allerdings auf dem Gang. Das dazugehörige Restaurant, eine Pizzeria, ist bekannt für den »Coq au vin«, der im Tontopf zubereitet wird. Frühstück wird zwar auch gegen Aufpreis nicht serviert, aber in unmittelbarer Nähe gibt es einige Cafés, die Kaffee und Gebäck verkaufen.
Altstadt Grossbasel | Gerbergasse 84 | Tram: Barfüsserplatz | Tel. 0 61/2 61 87 11 | www.stadthof.ch | 9 Zimmer | 🐴 | €

Der Teufelhof Basel　　🏷 B4
Fantasievoll – Der Teufelhof ist weit über die Grenzen Basels hinaus bekannt: Er vereint in fünf zusammenhängenden Häusern Kunst- und Galeriehotel, das Gourmetrestaurant »Bel Étage«, eine Weinstube, ein Café, den Weinladen Falstaff und sogar ein Theater. Die Zimmer im Galeriehotel sind modern, elegant, mit Leichtigkeit designed, die Räume im Kunsthotel werden von Künstlern regelmäßig neu gestaltet. Man mag dem Versuch erliegen, das Haus mit Superlativen zu beschreiben. Doch weniger ist hier mehr: Der Teufelhof ist bezaubernd.
Vorstädte | Leonhardsgraben 49 | Tram: Musik-Akademie | Tel. 0 61/2 61 10 10 | www.teufelhof.com | 33 Zimmer | ♿ | 🐴 | €€

Les Trois Rois 🛏 B/C 4

Bestes Haus am Platz – Hier nächtigten bereits Napoleon Bonaparte, die Rolling Stones und Charles Dickens. Das Hotel ist eine Legende, und die Basler sind stolz darauf. Heute entspricht es so weit wie möglich dem ursprünglichen Entwurf Amadeus Merians im Stil des romantischen Klassizismus mit byzantinischen Einflüssen, selbstverständlich ausgestattet mit den Segnungen moderner Technik. Am Entrée glänzen fünf Sterne.

Altstadt Grossbasel | Blumenrain 8 | Tram, Bus: Schifflände | Tel. 0 61/2 60 50 50 | www.lestroisrois.com | 101 Zimmer | ♿ | 🐾 | €€€€

Au Violon 🛏 C 4

Nostalgie mit Charme – Das Hotel liegt im Lohnhof oberhalb des Barfüsserplatzes sehr schön und zentral auf einer kleinen Anhöhe. Bis 1999 diente das Gebäude als Gefängnis. Danach wurde es behutsam restauriert, sodass von der dunklen Vergangenheit nichts mehr zu spüren ist. 20 Zimmer, davon 14 in den ruhigen Innenhof hinausgehend und sechs mit Blick auf den Barfüsserplatz. Empfehlenswert ist auch die Brasserie mit französischer Küche, deren Gerichte sich im Sommer unter Schatten spendenden Bäumen genießen lassen.

Altstadt Grossbasel | Im Lohnhof 4 | Tram: Musik-Akademie | Tel. 0 61/2 69 87 11 | www.au-violon.com | 20 Zimmer | 🐾 | €

Preise für ein Doppelzimmer mit Frühstück:
€€€€ ab 300 SFr.   €€€ ab 200 SFr.
€€ ab 150 SFr.   € bis 150 SFr.

Fantasie und Freude an Farben zeichnen die von Künstlern gestalteten Zimmer im Teufelhof (▶ S. 24) aus. Das »Blaue Zimmer« gibt einen kleinen Vorgeschmack.

ESSEN UND TRINKEN

Italienisch, deutsch, französisch oder asiatisch? Aber gerne! Und dazu kommt noch so manche herzhafte Basler Spezialität wie Mehlsuppe, Zwiebelwähe oder »Lummelbraten«. Auch Süßigkeiten aus Basel haben Berühmtheit erlangt, wie die »Basler Läckerli« beweisen.

Das **Müesli** in vielerlei Variationen hat seinen Stammplatz auf dem Frühstückstisch gesunder Ernährung längst über die Schweizer Grenzen hinaus erobert. Sein Original, das Bircher-Müesli, bestehend aus Haferflocken, Trockenobst, Nüssen, Milch und Joghurt, mischte erstmals um 1900 der Schweizer Arzt Maximilian Oskar Bircher-Benner. Ähnliche Popularität genießen Zürcher Geschnetzeltes, Raclette, Schweizer Käse und die Alpenschokolade, allesamt Markenzeichen der helvetischen Küche. Dabei sind sich die Schweizer nicht immer einig: Die Diskussion über die besten »Rösti« hat schon Gräben zwischen Freunde gerissen.
Durch den Dreiländercharakter der Stadt finden gleichermaßen elsässische, badische und Schweizer Einflüsse Eingang in den Speiseplan. Aber Vorsicht: Die Basler legen Wert darauf, dass ihre Küche durchaus eigenständige **lokale Spezialitäten** hervorzaubert. Bei der Basler Mehlsuppe

◂ Eine der besten Adressen: das mehrfach prämierte Restaurant Cheval Blanc (▶ S. 27).

beispielsweise wird Mehl zunächst in Fett dunkelbraun geröstet, schließlich mit Zwiebeln versetzt und gekocht. Hinzu kommen Lorbeerblätter, Gewürznelken und geriebener Käse. Ebenso beliebt sind Käse- und Zwiebelwähe – wobei »Wähe« für einen (salzigen) Kuchen steht. Der Basler »Lummelbraten« besteht aus mit Speck gespicktem Rinderfilet, das mit Rotwein, Salbei und Käse überbacken wird.

LECKEREIEN IM ÜBERFLUSS

Doch es geht auch weniger deftig: Die regional bekanntesten »Guetzli« sind wohl die »Basler Läckerli«, eine Art Lebkuchen, der mit Honig, kandierten Früchten und Nüssen gebacken und mit Zuckerguss glasiert wird. Die Liste an Spezialitäten mit fantasievollen Namen wie »Schoggi-Torf«, »Öpfelwäie« oder »Hasenörli« ließe sich beliebig fortsetzen. Doch egal, welcher kulinarischen Offenbarung man sich hingeben möchte, spontane Restaurantbesuche können nicht nur zu Messezeiten zur Kneipenodyssee ausarten: Um sich einen Tisch zu sichern, sollte man in Basel rechtzeitig eine »Reservation« tätigen.

BESONDERE EMPFEHLUNGEN
RESTAURANTS
Bodega zum Strauss　C 4
Kultige Beiz – Wem der große Braune Mutz am Barfüsserplatz zu konservativ erscheint, geht zum Strauss nebenan: Hier lädt ein kleines Lokal mit großen Tischen zum kommunikativen Miteinander ein. Hier trifft Hinz auf Kunz und DSDS auf GZSZ, der FCB (Basel) auf den FCB (Bayern) und Madame Kunsthalle auf Monsieur Kunstmuseum. Trotz der spanischen Bezeichnung des Restaurants ist der Strauss stolz auf seine italienischen Spezialitäten.
Altstadt Grossbasel | Barfüsserplatz 16 | Tram: Barfüsserplatz | Tel. 0 61/2 61 22 72 | Mo–Sa 12–14 und 18.30–24, So 18.30– 24 Uhr | €€

Cheval Blanc　B/C 4
Hoch dekoriert – Seine Laufbahn begann im Tantris in München und führte ihn über London, Nizza, Marbella und Aschau bis nach Basel ins Restaurant des Hotels Les Trois Rois: Peter Knogl ist Küchenchef im Cheval Blanc, dem besten oder zweitbesten oder gleichbesten Restaurant der Stadt – wenn es nach den professionellen Feinschmeckern geht, die zwei Michelin-Sterne und 18 Gault-Millau-Punkte vergeben haben: ebenso viel, wie das Stucki im Bruderholz hat. Letzter Höhepunkt war Knogls Wahl zum Schweizer Koch des Jahres 2011. Wenn das keine Referenzen sind … Die Gäste dürfen dem Chefkoch und seiner mediterran-französischen Küche blind

vertrauen oder sind des Französischen mächtig: Denn Peter Knogl empfiehlt z. B. »Duo de thon aux nageoires jaunes, radis cresson et coriandre«. Manchmal gibt es auch »Selle de chevreuil bavaroise et sauce au sureau« – oder linguistisch profan: »Bayerischer Rehrücken mit Holundersauce«.
Altstadt Grossbasel | Blumenrain 8 | Tram, Bus: Schifflände | Tel. 0 61/2 60 50 07 | www.lestroisrois.com | Di–Sa 12–14 und 19–22 Uhr | €€€€

Stucki südl. C 6
Im Reich der Sinne – 2008 übernahm Tanja Grandits das großbürgerliche Haus im Quartier Bruderholz. Sie trat ein schweres Erbe an, schließlich genoss die Küche seit Hans Stucki, der fast 40 Jahre hier kochte, einen legendären Ruf. Die Herausforderung meisterte die gebürtige Schwäbin mit Bravour. Ihre Aromaküche ist mittlerweile in der gesamten Alpenrepublik ein Begriff. Die Wahl der Gewürze und die Wahl der Farben geben ihren Gerichten eine persönliche Handschrift. Ihre Speisen sind fantasievoll, frisch, leicht und »säurebetont«. Tanja Grandits kombiniert Zutaten, die man so noch nie gegessen hat – eine Avocado-Pistazien-Paste verfeinert sie beispielsweise mit Hirse, Fenchel und Honig, die Jakobsmuschel mit Vanille Dashi, Basmati-Crème und Karamelrettich! Ein Menü im Stucki ist aber immer auch ein Augenschmaus. Selten mehr als zwei Farbtöne schmücken einen Gang, angerichtet wird immer auf runden Elementen. 2009 kürte sie der Gault Millau zur Aufsteigerin des Jahres, 2014 zum Schweizer »Koch des Jahres«. Der Michelin zeichnete das Restaurant mit zwei Sternen aus, der Gault Millau verlieh 18 Hauben. Die Gasträume in der alten Villa im Bruderholz hat sie gemeinsam mit ihrem Mann René Graf Grandits grundlegend renoviert, Fenster und Türen geöffnet und den Mief der frühen Jahre ziehen lassen.
Bruderholz | Bruderholzallee 42 | Tram: Studio Basel | Tel. 0 61/3 61 82 22 | www.stuckibasel.ch | Di–Sa 12–14.30, 19–1 Uhr (während der großen Messen auch So und Mo geöffnet) | €€€€

Zur Harmonie B 4
Mit (Jugend-)Stil – Holzverkleidungen aus dem frühen 20. Jh. und Bleiglas von Matisse – Auguste, nicht Henri – zieren dieses stimmungsvolle Jugendstilrestaurant gegenüber der Universität Basel. Klingt ein wenig großspurig, aber der Eindruck täuscht. Die Harmonie ist eine klassisch-bürgerliche Beiz mit Mittagstisch, in der man sich zum Apéro trifft. Die Küche orientiert sich an den Jahreszeiten und bietet im Frühjahr beispielsweise Cavaillon-Spargel aus der Provence und im Winter eine zünftige Sauerkrautplatte mit Kasseler, Speck, Blut- und Leberwürsten. Je nach Saison stehen auch Austern oder Muscheln auf der Speisekarte.
Altstadt Grossbasel | Petersgraben 71 | Tram, Bus: Universität | Tel. 0 61/2 61 07 18 | www.harmonie-basel.ch | Mo–Fr 9–23, Sa 8–23 Uhr | €€

BARS
Cargobar B 3
Absolut angesagt – Malerisch am Rhein gelegen, wird es in der Cargobar immer richtig schön voll. Es kommen jene, die man guten Gewissens zur »Szene« rechnen darf, ohne diese definieren zu müs-

Essen und Trinken | 29

Die Beiz Zur Harmonie (▶ S. 28) – innen wie außen vom Jugendstil dominiert – ist ein beliebter Treff zum Apéro oder zum Mittagessen.

sen. Junges Publikum, aber keine Teenies, eher jene, für die Studieren Lebensentwurf und nicht Karriereplattform ist. Ziemlich engagiertes Kulturprogramm mit Ausstellungen von Nachwuchskünstlern. Ständig DJs am Plattenteller, die – Zitat – »analoge Sounds, groovende Elektronika, Dub, Disco und Afrorhythmen« an die Nadel geben. Für sie ist die Cargobar Karriereplattform, nicht Lebensentwurf.

🕒 Jeden ersten Mittwoch und Donnerstag der »R-Monate« serviert die Bar zwischen 18 und 20 Uhr frische Austern, genauer gesagt die edlen Schalentiere Fine de Claire No. 3 aus der Bretagne. Dazu gibt es einen Muscadet »Sèvre et Maine Sur Lie« aus der Weinbauregion Loire und ein französisches Baguette mit gesalzener Butter.

Vorstädte | St. Johanns-Rheinweg 41 | Tram: Johanniterbrücke | Tel. 0 61/3 21 00 72 | www.cargobar.ch | So–Do 16–1, Fr, Sa 16–2.30 Uhr

Weitere empfehlenswerte Adressen finden Sie im Kapitel **BASEL ERKUNDEN**.

Preise für ein dreigängiges Menü:

€€€€ ab 130 SFr.	€€€ ab 80 SFr.
€€ ab 30 SFr.	€ bis 30 SFr.

Grüner reisen
Urlaub nachhaltig genießen

Wer zu Hause umweltbewusst lebt, möchte vielleicht auch im Urlaub Menschen unterstützen, denen ein verantwortungsvoller Umgang mit der Natur am Herzen liegt. Empfehlenswerte Projekte, mit denen Sie sich und der Umwelt einen Gefallen tun können, finden Sie hier.

Basel ist die selbsternannte Velostadt der Schweiz. Bereits 1944 beschloss der Regierungsrat, dass bei sämtlichen Fahrbahnaufteilungen Radstreifen markiert werden müssen, die speziell den Radfahrern vorbehalten sind. Seit Mitte der 1970er-Jahre gehört die Förderung des Verkehrs mit dem Drahtesel zum offiziellen Programm der Regierung. Ohnehin genießt der motorisierte Individualverkehr keinen hohen Stellenwert: Basel ist die Stadt der öffentlichen Verkehrsmittel, der Rheinfähren, der Busse und – allen voran – der Straßenbahnen.

Die Notwendigkeit einer »grünen« Idee wurde der Öffentlichkeit spätestens im November 1986 bewusst: Damals wurden bei einem Brand der Firma Sandoz Tonnen giftiger Chemikalien mit dem Löschwasser in den Rhein geschwemmt. Der Fluss war rot verfärbt, Millionen Fische verendeten, und das Ökosystem war schwer geschädigt. 2011 jubelte die »Basellandschaftliche Zeitung« über die »hervorragende Wasserqualität« und musste ein Jahr später wieder etwas zurückrudern: Wenn viele heiße Tage

aufeinander folgen, sinkt die Qualität, sei aber »akzeptabel« – und immerhin so gut, das jedes Jahr im August mehr als 1000 Teilnehmer beim Basler Rheinschwimmen mitmachen.
Selbstverständlich haben auch in Basel Unternehmen erkannt, dass Öko, Bio und Nachhaltigkeit sinnvoll für die Umwelt und lohnend für den Umsatz sind. Kaum ein Restaurant, das nicht ein vegetarisches Gericht auf der Speisekarte anbietet, kein Supermarkt ohne Bio-Ecke. Sogar altehrwürdige Unternehmen setzen auf Erneuerbarkeit: Das Hotel Hilton Basel im Aeschengraben gewinnt mit einer Solaranlage auf dem Dach Energie, die dem Hausnetz zugeführt wird. Dieses speist u. a. eine Solartankstelle für Leichtelektromobile vor dem Hotel.

ESSEN UND TRINKEN

Bel Étage B 4
Die Bel Étage des Kulturhotels Teufelhof liegt im ersten Stock: Dort lädt das First-Class-Restaurant in elegantem Ambiente zu fantasievollen Kreationen: Seeteufelmedaillons mit Kürbiskern-Emulsion und Petersilienwurzel-Kartoffelpüree oder Dörrtomaten-Tagliatelle mit bretonischem Hummer. Den Michelin-Testern ist die Küche einen Stern wert. Übrigens: Im Teufelhof fließt neben Wein auch Ökoenergie. Kostet etwas mehr, aber, so Eigentümer Raphael Wyniger: »Wir geben lieber hier ein paar Franken mehr aus als für etwas anderes.«
Altstadt Grossbasel | Leonhardsgraben 49 | Tram: Musik-Akademie | Tel. 0 61/2 61 10 10 | www.teufelhof.com | tgl. 12–14.30, 19–24 Uhr | €€€€

Bio Bistro Bacio B 3
Viraj Wijesuriya stammt aus Sri Lanka und ist ausgebildeter Ayurveda-Koch. Jeden Tag zaubert er zwei Menüs auf die Tische des Bistros in St. Johann, und die sind nicht nur ayurvedisch und glutenfrei, sondern auch zu 100 % vegan. Dann gibt es Wirsingkohl pikant mit Karotten tricolor und Reis. Oder »Küttiger Rüebli« mit Butternutkürbis und Basmati-Reis. Essen und Trinken in Bio und Demeter-Qualität. Dafür garantiert der Laden nebenan: der Bio-Laden Eichblatt von Mitinhaber Thomas Müller. Wem das alles zu gesund erscheint: Als Alternative füttert Viraj auch konservative Münder: Im Bacio gibt es Rindsgeschnetzeltes mit Spätzli und Rhabarberchutney und Fusilli an Bolognesesauce. Tipp: Platz auf der Terrasse reservieren, Blick auf den Rhein inklusive.
St. Johann | St. Johanns-Vorstadt 70 | Tram, Bus: Johanniterbrücke | Tel. 0 61/3 22 11 12 | www.bacio-basel.ch | Mo–Fr 8.30–22, Sa 10–18 Uhr | €€

Restaurant Hirscheneck C 4
Im Hirscheneck nennt sich niemand Chefkoch oder Chefköchin. Das Restaurant ist ein Kollektiv, eine Beiz mit Kulturbetrieb, in der selbstverständlich auch kollektiv gekocht wird. Vor etwa 25 Jahren gründete sich das selbstverwaltete Projekt, das sich schlicht das Ziel setzte, »die Welt zu verändern, …

damit die Welt einmal nicht mehr im Modus von Ausbeutung und Unterdrückung funktioniert, sondern ein lebenswerter Ort für alle wird.« Wenn hier gelächelt wird, ist es ehrlich und »kein anbiederndes Dauerlächeln«. Auf dem Programmplan des Kulturbetriebs steht beispielsweise eine Ausstellung »40 Jahre Putsch in Chile«, vor allem aber zahlreiche Konzerte. Auf dem Speiseplan stehen vegetarische und vegane Gerichte – z. B. Safran-Zitronen-Risotto mit Kürbisplätzli und hausgemachte Gnocchi an Salbeisauce. Und wenn's mal Fleisch gibt, dann Bio! Aber warum essen? Es gibt keinen Konsumzwang. Diese Beiz ist herrlich alternativ!
Altstadt Kleinbasel | Lindenberg 23 | Tram, Bus: Wettsteinplatz | Tel. 0 61/6 92 73 33 | www.hirscheneck.ch | Di–Do 11–24, Fr 11–1, Sa 14–1, So 10–24 Uhr | €€

Rubino C4

Gastronom Beat Rubitschung schwört: Wenn er Fisch auftischt, hält er sich an die Empfehlungen der Umweltschutzorganisationen fish4future; das Fleisch stammt von einer Metzgerei aus dem nahe gelegenen Arlesheim und muss darüber hinaus von Organisationen wie Agri-Natura oder IP Suisse zertifiziert sein. Bei so viel »Namedropping« darf man sich guten Gewissens der Speisekarte widmen: Kalbsescalope an Tonkabohnenrahmsauce mit Kartoffelgratin oder Forellen Saltimbocca auf Kartoffelmousseline an Ringelblumen-Safransauce klingt ebenso ökologisch korrekt wie verlockend.
Altstadt Grossbasel | Luftgässlein 1 | Tram: Bankverein | Tel. 0 61/3 33 77 70 | www.rubino-basel.ch | Mo 18–24, Di–Fr 11.30–14.30, 18–24, Sa 18–24 Uhr | €€€

Tibits C5

Systemgastronomie für Fleischverächter: Das Tibits (vom engl. »tidbits« für »kleine Leckerbissen«) ist ein Start-Up-Unternehmen, entstanden aus einem Businessplan-Wettbewerb. Die Idee: vegetarisches Fast Food mit hohen Ansprüchen, d. h. Zutaten der Saison, hausgemachte Speisen, eigene Rezepte. Das alles gibt es am Buffet, Teller voll packen und an der Kasse abwiegen, bezahlt wird nach Gewicht. Viermal im Jahr wechselt das Menü, damit ja keine Langeweile aufkommt. Und auch wenn alles fleischlos ist, will eine gewisse Sehnsucht wohl doch gestillt sein: Seit Neuestem gibt es Veggie Kebab.
Vorstädte | Stänzlergasse 4 | Tram, Bus: Theater, Heuwaage | Tel. 0 61/2 05 39 99 | www.tibits.ch | Mo–Mi 7–23.30, Do, Fr 7–24, Sa, 8–24, So 9–23 Uhr | €€

EINKAUFEN

Alkena C5

Kleidung aus Naturfasern, umweltschonend und nachhaltig hergestellt – bei der Produktion wird Wert auf soziale wie auch Umweltverträglichkeit gelegt. Die Produkte sind von »fair for life«, der gemeinnützigen Schweizer Bio-Stiftung, geprüft und garantieren menschengerechte Arbeitsbedingungen mit fairen Löhnen. Hier kann man sich komplett neu einkleiden, von Schuhen, Unterwäsche bis zu Schals und Stulpen bietet das Geschäft das ganze Programm; für Herren lediglich ein paar Accessoires. Der Laden führt auch andere Marken, etwa den Strickmodenhersteller Invero. Allen gemein könnte der Slogan sein: »An meine Haut lasse ich nur Wasser und ... Kleidung aus Naturtextilien«.

Vorstädte | Elisabethstr. 28 | Tram, Bus: Kirschgarten | Tel. 0 61/2 73 19 10 | www.alkena.ch | Mo–Mi, Fr 9.30–18.30, Do 9.30–20, Sa 9–17 Uhr

Basler Stadtmarkt C4
Auf dem Marktplatz vor dem berühmten roten »Roothuus« reisen jeden Werktag die Händler aus Basel und Umgebung an und bieten Obst und Gemüse, Brot, aber auch Spezialitäten aus Italien und Spanien an. Vertreter von ökologischem Anbau sind z. B. Bioland (Obst und Gemüse), Bio Andreas (Backwaren) und das Vital Speisehaus aus Dornach mit Demeterprodukten.
Altstadt Grossbasel | Marktplatz | Tram: Marktplatz | www.basler-stadtmarkt.ch | Mo, Mi, Fr 6–19, Di, Do, Sa 6–13.30 Uhr (jeden Monat am 2. und letzten Sa 6–18 Uhr)

Clara Brocki C3/4
Brocki ist die Abkürzung von Brockenhaus und heißt im Schweizerdeutschen soviel wie Trödlerladen. Das Team von Clara Brocki räumt Wohnungen und Häuser und rettet die Ausstattung vor dem Müll. Verkauft wird, was sich noch nutzen lässt: Möbel und Gebrauchsgegenstände aus vergangenen Jahrzehnten (Lampen, Stereoanlagen, Kleidung …). Für passionierte Flohmarktgänger ein Muss, für Schnäppchenjäger eher nicht: Das Schweizer Preisniveau hält sich auch hier tapfer.
Altstadt Kleinbasel | Claramattweg 16 | Tram, Bus: Claraplatz | Tel. 0 61/7 01 41 41 | www.clara-brocki.ch | Mo–Fr 9.30–18.30, Sa 10–17 Uhr

Höheners B4
Beim Vollsortimenter mit Bio-Metzgerei scheint man nichts zu vermissen: Neben Lebensmitteln und einer guten Weinauswahl liegen auch die Hals- und Dekolletécreme von Dr. Hauschka, das Mottenöl von Aries oder bioorganisches Hundefutter im Regal. Ganz nach Höheners Motto: »Voll bio!«

Der Basler Stadtmarkt (▶ S. 33) bietet alles frisch an, was die Region hergibt: Obst und Gemüse, Milch und Käse, Brot und Gebäck, Fleisch und Wurst …

Am Ring | Schützenmattstr. 30 | Bus: Schützenmattstrasse | www.hoeheners.ch | Mo–Fr 8.30–12.30 und 14–18.30, Sa 8.30–16 Uhr

Holzofenbäckerei Bio Andreas
C4

Hinten rechts im Eck, man muss schon genau hinsehen, um die Bäckerei mit kleinem Café am heimeligen Andreasplatz nicht zu übersehen. Der Laden ist für seine guten Vollkornbrote bekannt: Fünf-Korn- und Sieben-Kornpfünder, Mais- und Hirsebrot, Apfelnuss- und Dinkelbrot. Empfehlung für zwischendurch: Oliven-Indiafladen. Das Geschäft unterhält auch einen Stand auf dem Stadtmarkt.

Altstadt Grossbasel | Andreasplatz 14 | Tram: Marktplatz, Fischmarkt

Oekoladen
C5

Der Laden in der Passage unter dem Tinguely-Brunnen bezeichnet sich als »grünes Warenhaus«. Und wirklich: Das Geschäft führt Kleider und Kosmetik, Taschen, Farben, Lacke, Schreibwaren. Das Angebot an Lebensmitteln ist bis auf die Bioweine beschränkt, Frischware gibt es nicht. Die Produkte stammen aus kontrolliert biologischer bzw. bio-dynamischer Landwirtschaft oder umweltfreundlich angebauten Rohstoffen.

Altstadt Grossbasel | Theaterstr. 7 (Theaterpassage) | Tram: Barfüsserplatz | www.oekoladen.ch | Mo 11–18.30, Di–Fr 9.30–18.30, Sa 9.30–17 Uhr

Vital Speisehaus
südl. C6

Das Rundum-Sorglos-Paket in der Nähe der Anthroposophischen Gesellschaft (▶ S. 97) in Dornach. Das Restaurant bietet Rösti und Quiches, und neben dem vegetarischen auch ein Fleischgericht, selbstredend aus biologisch angebauten Zutaten oder in Demeter-Qualität. Daneben gibt es aber auch einen Naturkostladen mit Produkten aus der hauseigenen Bäckerei, ein Café und das Alla Cantina, in der das Speisehaus Pizza im mit Buchenholz gefeuerten Ofen bäckt.

Dornach | Dorneckstr. 2 | Bus: Dornach, umsteigen in Bus 66 Goetheanum | www.speisehaus.ch | Tel. 0 61/7 06 85 10 | tgl. 12–16 Uhr

Wildpflanzenmarkt
C4

Der Verein Ökostadt Basel gründete sich als Reaktion auf die Sandoz-Katastrophe 1986 und engagiert sich vielfach, um die Stadt ökologisch zu gestalten. Jedes Jahr organisiert die Interessengemeinschaft für zwei Wochen einen »Wildpflanzemärt«. Hier können sich Besucher über einheimische Pflanzen informieren – Wildstauden, Sträucher und Kletterpflanzen – und den Wildwuchs zu Hause kultivieren.

Altstadt Grossbasel | Andreasplatz | Tram: Marktplatz, Fischmarkt | Ende April/Anfang Mai, Mo–Sa 10–18 Uhr

AKTIVITÄTEN

Rent A Bike
B/C5

Landesweit und in Zusammenarbeit mit der Bahn bietet Rent A Bike seit mehr als 25 Jahren den Verleih von Fahrrädern an, mittlerweile sind auch E-Bikes (50 SFr./Tag) im Angebot, Country- und Mountainbikes kosten 35 SFr. Ideal für Ausflüge ins Umland ist die Verzahnung mit der SBB, da die Stationen an den Bahnhöfen liegen. Allerdings ist es für eine Familie mit Kind

immer noch billiger, einen Kleinwagen zu mieten als drei Velos.
Bahnhof SBB | Zentralbahnstr. 20 | Tel. 0 51/2 29 23 45 | www.rentabike.ch | Mo–Fr 8–19, Sa, So 9–19 Uhr

Stromer Store Basel   A6

Wer Basel umweltfreundlich erkunden will, nimmt die Bahn und Bus oder mietet sich ein Velo. Der Stromer Store in Binningen will zwar in erster Linie Fahrräder verkaufen, bietet aber auch Verleih an. Für 50 SFr. am Tag kann man sich z. B. ein E-Bike leihen, bei Bedarf den Motor hinzuschalten und den Berg mit 30 km/h hinaufbrettern.
Binningen | Hauptstr. 122 | Tel. 0 61/3 02 22 00 | http://squadramondo.com | März–Okt. Mo–Fr 9–19, Sa 9–17, Nov.–Feb. Di–Fr 10–18.30, Sa 9–16 Uhr

Velotaxi Basel

Das hellblaue Dreirad bietet Platz für zwei Passagiere. Und wenn die Muskelkraft von Chauffeur Tilmann Schor einmal nicht ausreichen sollte, schaltet er einfach einen Elektromotor hinzu, dessen Power aus Windenergie stammt. So bildet das Velotaxi Basel die wohl umweltschonendste Art innerstädtischer Personenbeförderung, mittlerweile bieten drei »Vaxi« in den Gebieten Bruderholz, St. Johann sowie Gundeldingen, Dreispitz und Münchenstein ihre umweltfreundlichen Dienste an. Doch auch die Konkurrenz schläft nicht: Das Riksha Taxi Schweiz, bislang schon in Bern und Zürich aktiv, ist ebenfalls in Basel präsent. Nur die Politiker sind sich bislang nicht einig: Ist die Rikscha nun ein Velo oder ein Mofa? Neben Taxidiensten bietet Velotaxifahrer Tilmann Schor auch einstündige Erlebnistouren an.
– Velotaxi Basel: Tel. 0 61/2 71 60 33 | www.velotaxi-basel.ch, Reservierung online und per E-Mail über info@velotaxi-basel.ch
– Riksha Taxi Basel: Tel. 08 00/20 61 00 | www.rikshataxi.ch | April–Ende Okt.

Vaxi statt Taxi: Eine sehr angenehme, umweltfreundliche und »entschleunigende« Art, Basel zu erkunden, ist das lärm- und abgasfreie Velotaxi (▶ S. 35).

EINKAUFEN

Erlesene Pralinees und feines Gebäck – wer Sinn für die süßen Seiten des Lebens hat, wird in Basel nicht achtlos an den zahlreichen Konfiserien vorbeigehen. Neben Kulinaria bietet die Stadt auch eine rege Mode- und Designer-Szene.

Schier unüberschaubar scheint die Auswahl an Käsesorten in den Delikatessenläden, und neben den Modegeschäften mit arrivierten Nobellabels finden sich auch Boutiquen von aufstrebenden Basler Designern, die in kleiner Auflage Unikate schneidern. Vor allem in **Kleinbasel** rund um die Feldbergstrasse ist in den letzten Jahren eine Szene gewachsen, die mit kreativen Designs und frechen Schnitten neue Wege geht und die Käufer mit ungewöhnlichen und einzigartigen Schöpfungen verblüfft. Die Shops liegen zwischen Fahrradgeschäften und Döner-Buden, neben Thai-Food-Läden und Modeschmuckboutiquen – hier lohnt ein zweiter Blick, um beim Einkaufen eine Entdeckung zu machen.

Auf der anderen Seite des Rheins, in **Altstadt Grossbasel**, ist der zweite Blick meist nicht nötig: Die Geschäfte weisen schmuck und meist edel auf ihre Waren hin. Die prominente Einkaufsmeile heißt Freie Strasse, führt

◀ Im Läckerli-Huus (▶ S. 37) kann man die süße Leckerei fantasievoll verpackt erstehen.

vom Bankenplatz zum Marktplatz, und ist nicht einmal einen Kilometer lang. Hier schlägt das Konsumenten-Herz höher, angesichts altbekannter Filialen von Apple, Zara oder H & M. Versierte Smart Shopper wissen natürlich, dass die Marken im Ausland oft mit anderen Modellen aufwarten als in den heimischen Stores.

BUMMEL IN DER ALTSTADT

Wer sich mehr für individuelle Waren interessiert und neuen, jungen Labels den Vorzug gibt, sei zum Bummel durch die Altstadtgassen eingeladen; gegenüber dem Rathaus in die Sattelgasse marschieren und nach Lust und Laune die Wege wählen, die sich anbieten: Imbergässlein, Schneidergasse, Spalenberg, Heuberg und wieder bergab bis zum Barfüsserplatz. Beim Entdecken bitte an die Öffnungszeiten denken: Am Montag haben viele Läden erst ab Mittag geöffnet.

BESONDERE EMPFEHLUNGEN
KULINARISCHES

Basler Brotmarkt C4
Die Basler »Begge« (Bäcker) organisieren alljährlich einen »Brotmärt«, der auf eine alte Tradition zurückgeht: Im 13. Jh. erhielten die Bäcker vom Bischof den Zunftbrief. Da es aber zu jener Zeit noch keine Brotläden gab, wurden Brot und andere Backwaren auf einem Markt angeboten.
Altstadt Grossbasel | Barfüsserplatz | 2. Dienstag im September

Läckerli-Huus
Eine lokale Spezialität sind die berühmten »Basler Läckerli«, eine Art Lebkuchen – in kleine rechteckige Stücke geschnitten –, der mit Honig, kandierten Früchten und Nüssen gebacken und mit Zucker glasiert wird. Das »Huus«« bietet seine »Läckerli« nicht nur in einfachen Verpackungen an, sondern auch in Dosen, Trommeln oder im Kartonhäuschen.
– Altstadt Grossbasel | Gerbergasse 57 | Tram: Barfüsserplatz C4
– Kleinbasel | Greifengasse 2 (im Café Spitz) | Tram, Bus: Rheingasse C4
– Vorstädte | Centralbahnplatz (im Bahnhof SBB) | Tram, Bus: Bahnhof SBB C5
– Kleinhüningen | Hochbergerstr. 70 (im Stücki Shopping) | Tram: Kleinhüningen, Bus: Stücki C2

Wyyguet Rinklin F1
Wein aus Basel? Selbstverständlich! Urs Rinklin baut im Grenzgebiet zu Deutschland den Schlipfer Wyss- und den Schlipfer Rotwyy an. Theoretisch immer mit einem Bein auf deutschem Grund, wachsen auf etwa 4 ha Gutedel und Pinot Chardonnay, Pinot gris, Chardonnay, Rosé und ein trockener »Schuumwyy« (Schaumwein) sowie als

rote Tropfen Blauburgunder, Blauburgunder Barrique und Diolinoir. Im Vergleich zu den Sorten der Nachbarn aus Baden sind die Roten etwas fruchtiger, während die Weißen einen Tick spritziger wirken. Ein Muss für Freunde des Bacchus, hier kann man noch neue Entdeckungen machen. Beratung und Degustation ist in der Mosterei der Gemeindegärtnerei in Riehen möglich; Verkauf ein paar Meter weiter, im Haselrain 65, oder auf dem Weingut.
Riehen | Eglingerweg 1 | Bus: Weilstrasse | www.schlipfer.ch | Mi, Fr 16–19 Uhr
– Mosterei: Rössligasse 61 | Tel. 0 61/6 45 95 15 | jeden 4. Fr im Monat 14–18 Uhr
– Verkauf: Haselrain 65 | Mo–Fr 8–12 und 14–16 Uhr

MODE
Daniela Spillmann C 4
Sie ist die Nichte von Fred Spillmann, dem bekannten Basler Modedesigner. Er entwarf die Bühnenkostüme für Josefine Baker und Marlene Dietrich, selbst Grace Kelly trug seine Kreationen. Obendrein war er mit seiner Lebensart das Enfant terrible der bürgerlichen Gesellschaft. Daniela Spillmann lebt ruhiger, gibt sich aber ebenso selbstbewusst wie der Onkel: »Ich will keine schnelllebigen Trends entwerfen, sondern eine Mode kreieren, welche die Schönheit und Eigenart moderner Frauen hervorhebt.«
Altstadt Grossbasel | Rheinsprung 1 | Tram, Bus: Schifflände | www.danielaspillmann.ch | Di–Fr 10–18.30, Sa 10–16 Uhr

Globus C 4
Die Globus-Gruppe, in der Schweiz in jeder großen Stadt vertreten, präsentiert im Basler Kaufhaus direkt am Marktplatz in edlem Interieur ihr »Savoir vivre«-Konzept mit gehobenen Marken: Hugo Boss und Tommy Hilfiger, Bugatti und Calvin Klein. Doch auch der nicht so belastbare Geldbeutel findet hier bei Marco Polo oder Esprit seinen Gegenwert.
Altstadt Grossbasel | Marktplatz 2 | Tram: Marktplatz | www.globus.ch | Mo–Mi 9–18.30, Do, Fr 9–20, Sa 9–18 Uhr

Raphael Blechschmidt C 4
Schlichte Schnitte, pfiffige Details: Raphael Blechschmidts weibliche Mode kombiniert Eleganz mit Tragbarkeit. Stets im März und Oktober präsentiert der Couturier eine neue Kollektion. Er garantiert: Von jedem Modell werden nicht mehr als drei Stücke angefertigt. Wer es gerne exklusiv hätte, bekommt ein Unikat maßgeschneidert.
Altstadt Grossbasel | Bäumleingasse 22 | Tram: Bankverein | www.raphaelblechschmidt.ch | Mo–Fr 9–18.30, Sa 10–17 Uhr

Riviera C 3
Als die kleine Boutique 2006 eröffnete, passte das Konzept mehr schlecht als recht in das Quartier Matthäus auf Kleinbasler Seite. Schick war auf der anderen Rheinseite, hier regierte die Arbeiterklasse. Doch dem ist schon lange nicht mehr so. Rechtsrheinisch boomen und locken trendige Modeläden, experimentelle Offspaces und lebendige Szenekneipen an. Mittendrin Andrea Otto und ihre spezielle Riviera mit Labels aus Göteborg (Strickmode von Maska), Berlin (A2 und Hien Le), Budapest (Sidonia Szep) und natürlich Basel (Lea Wyss). Neben Schuhen und

Kleidung gibt es Taschen und weitere Accessoires, darunter auch eine feine Auswahl an Schmuck. Nicht überbordend viel – dafür jung, modebewusst und stilsicher.
Matthäus | Feldbergstr. 43 | Tram: Klybeckstrasse | www.baslerriviera.com | Di–Fr 13–18.30, Sa 12–18 Uhr

WOHNEN UND DEKORATION
Johann Wanner Weihnachtshaus
◆ B 4

Das ganze Jahr über verkaufen Johann Wanner und seine Frau Weihnachtskugeln, pausbäckige Engelsfiguren und Lametta für das heilige Fest. Auf über 500 qm und zu der Musik von Johann Sebastian Bach bieten sie hier aber auch Dekorationsartikel für andere Gelegenheiten an: An Ostern z. B. wird das Schaufenster passend umdekoriert. Altstadt Grossbasel | Spalenberg 14 | Tram: Marktplatz | www.johannwanner.ch | Mo 12.30–18.30, Di–Fr 10–18.30, Sa 10–17 Uhr

woxx.designobjekte
◆ D 4

Ein Leder-Fauteuil von Mies van der Rohe aus dem Jahr 1929, ein Servierwagen von Embru aus den 1930er-Jahren, Designerlampen von Foscarini oder Ribag – woxx handelt mit modernen Antiquitäten. In der alten Papierfabrik hinter dem Bahnhof SBB gibt es so manchen Klassiker zu entdecken. Die Ausstellung ist Do und Fr von 14–19 sowie Sa von 10–16 Uhr geöffnet.
Wettstein | Turnerstr. 30 | Tram, Bus: Wettsteinplatz | www.woxx.ch

Weitere Geschäfte und Märkte finden Sie im Kapitel BASEL ERKUNDEN.

Im Johann Wanner Weihnachtshaus (▶ S. 39) kann man das ganze Jahr über in Weihnachtsdekorationen schwelgen. Der Inhaber betätigt sich auch als Weihnachtsbaumdekorateur.

KULTUR UND UNTERHALTUNG

Ausgehen in Basel hat viele Facetten und umfasst nicht nur Oper, Theater und Konzert. In Jazzclubs, mondänen Bars, Lounges im Industrie-Outfit oder schwimmenden Kulturmeilen auf dem Rhein zeigt sich Basels Nightlife von seiner extravaganten Seite.

An Selbstbewusstsein mangelt es den Baslern Theaterfreunden ganz sicher nicht. Als bekannt wurde, dass Andreas Beck ab der Spielzeit 2015/2016 vom Schauspielhaus in Wien in die Intendanz des **Basler Theaters** wechselte, stieg er – laut Pressemitteilung – in das »wichtigste Dreispartenhaus Europas« auf. Das war dann auch den Lesern einiger Tageszeitungen etwas zu dick: Es müsse doch richtigerweise »wichtigstes Dreispartenhaus der Welt« heißen, schrieb einer, da es doch »außerhalb der Stadt am Rheinknie keine Kultur« gebe.

Die Entscheidung über die Nachfolge von Georges Delnon, der für Basel zweimal den Titel »Opernhaus des Jahres« einheimste und nach der Spielzeit 2014/15 die Staatsoper Hamburg leiten wird, fällte der Verwaltungsrat der Theatergenossenschaft. Dieser Zusammenschluss ist durchaus etwas Besonderes. Denn obwohl das Theater Basel durch staatliche

◀ Ein Eyecatcher: die extravagante Bar-Rouge (▶ S. 41) im 31. Stock des Messeturms.

Gelder finanziert wird, ist es kein Staatstheater wie in Deutschland, sondern eine privatwirtschaftliche Institution, ideell, aber auch finanziell getragen durch die Genossenschaft mit 1200 Mitgliedern sowie fünf weiteren Vereinen bzw. Stiftungen.

HEUTE HIER, MORGEN DORT

Auch abseits der Hochkultur zeigt man sich in Basel findig. Neue **Hotspots** entstehen auf Grundlage von Zwischennutzungsverträgen: Leerstehende Gebäude oder Industriebrachen werden bis zum Abriss oder zur Renovierung befristet an Kulturschaffende, Vereine oder Gastronomen vermietet, die in den Räumen Offspaces und Barbetriebe gründen. Und da es in der Schweiz ähnlich wie in Deutschland für alles einen Verein gibt, gehen die Macher zum Verein Kulturbüro und leihen sich das Equipment für die nächste Ausstellung einfach aus. Weil die Locations oft nur zwei, drei Jahre existieren, entwickelt sich eine sehr lebendige Szene, die sich heute hier trifft, aber morgen vielleicht schon dort.

BESONDERE EMPFEHLUNGEN
BARS UND CLUBS

BarRouge ⭐ D3

Sie gilt als eine der Attraktionen der Stadt und residiert im 31. Stock des Messeturms, dem zweithöchsten bewohnten Gebäude der Schweiz, 105 m über dem Boden. In der rundum verglasten Bar liegen den Gästen Basel und seine Umgebung zu Füßen. Der Ort scheint wie gemacht zu sein für den Apéro nach Büroschluss oder die Feier eines Geschäftsabschlusses. Es kann wie in einem Traum sein: vom roten Interieur verzaubert am Fenster stehen, den Sonnenuntergang beobachten, sich einen Cocktail gönnen und die Einsicht gewinnen, dass da unten doch alles gar nicht so wichtig ist. Abends kommen Partypeople hinzu, donnerstags junges Publikum zu DJ-Sounds aus Deep, House, Dance. Am Freitag (»Disco vs. Salsa«) sind ältere Gäste gern gesehen, die zur Belohnung keinen Eintritt zahlen müssen, wenn sie älter als 35 Jahre sind. Achtung: Gesichtskontrolle!

🕓 Während des Sonnenuntergangs mit einem Drink in der Hand über Basel und die Welt schauen. Früh kommen: Diese Idee haben nämlich auch andere!

Rosental | Messeplatz 10 | Tram: Messeplatz | Tel. 0 61/3 61 30 31 | www.barrouge.ch | So–Di 17–1, Mi 17–2, Do 17–3, Fr, Sa 17–4 Uhr

Campari Bar C5

Die zeitlose und ungezwungene Bar befindet sich an der Kunsthalle und ist ein Treffpunkt für den Kaffee am

Nachmittag, den Apéro nach Dienstschluss oder den Longdrink im Anschluss an einen Theaterbesuch. Vorne herrscht klassischer Barbetrieb, hinten sorgt das sanfte Licht eines Jugendstilkronleuchters für relaxte Lounge-Atmosphäre. Tipp: Die Plätze außen erlauben einen meditativen Blick auf das Wasserspiel des Tinguely-Brunnens. Ein Journalist gab dem Kunsthallen-Garten sogar schon das Prädikat »konkurrenzlos schön«.

Vorstädte | Steinenberg 7 | Tram: Barfüsserplatz | www.restaurant- kunst halle.ch | So–Do 10–24, Fr, Sa 10–1 Uhr

Eo Ipso C6

Der Laufkran an der Decke weist unübersehbar auf die industrielle Vorgeschichte hin: In der Produktionshalle einer ehemaligen Maschinenfabrik vereint das Eo Ipso Restaurant, Bar und Lounge. Das (Vier-Gänge-)Menü kommt à la Minute auf die weiß gedeckte Tafel, es kostet ab 85 SFr. aufwärts und ist teuer. Nun gut, dafür legt Eo Ipso Wert auf Nachhaltigkeit und Top-Zutaten, macht vieles in Handarbeit, bezahlt die Angestellten angemessen und steht auch dazu. In der Bar respektive Lounge in der großen Halle steigt bei gutem Besuch – bedingt durch die hohen Räume – die Geräuschkulisse in gewöhnungsbedürftige Sphären. Dafür ist die Szenerie absolut zwanglos: Paare, Cliquen, Einzelgänger tauchen hier problemlos ein oder unter, je nachdem ob man gemeinsam allein oder allein unter allen bleiben möchte. Ein richtiges Programm gibt's nicht – dennoch kommt es vor, dass ein paar Musiker unauffällig ihre Instrumente auspacken und anfangen zu spielen. Und ab und an legt ab 23 Uhr ein DJ auf.

Gundeldingen | Dornacherstr. 192 | Tram: Tellplatz, Bus: Bruderholzstrasse | www.eoipso.ch | Mo–Do 11–1, Fr 11–2, Sa 17–2 Uhr

The Bird's Eye C4

Basels Jazzclub Nummer Eins bietet an fünf Tagen in der Woche Livemusik. In der ehemaligen Gefängnisturnhalle des Lohnhofs – einem top renovierten Jazzkeller unter dem Musikmuseum – treten lokale, regionale und internationale Interpreten auf. Liegt vom Barfüsserplatz westlich den Berg hinauf.

Altstadt Grossbasel | Kohlenberg 20 | Tram: Barfüsserplatz | www.birdseye.ch | 1. Sept.–31. Mai Di–Sa 20.30–23.30, 1. Juni–31. Aug. Mi–Sa 20.30–23.30 Uhr

THEATER

Musical Theater Basel C3

Das Theater spielte bereits die Welterfolge des Genres, »Cats« von Andrew Lloyd Webber oder »Aida« von Elton John und Tim Rice. Mittlerweile ist der Boom des Musiktheaters bekanntermaßen etwas abgeflaut, für »Mamma Mia!« und »Prinzessin Lillifee« ist aber immer noch Platz auf dem Spielplan. Daneben öffnet das Management in Basel die Bühne auch für Comedians wie Kaya Yanar, den Big Band Sound von Pepe Lienhard oder die Artisten des Chinesischen Nationalcircus. Freunde von Rock und Blues sollten sich nicht abschrecken lassen, wenn sie »Ernst Hutter & Die Egerländer Musikanten« in Programm entdecken. Am nächsten Tag könnte an selber Stelle »Joe Bonamassa« aufspielen. Das Theater residiert übrigens in einer ehe-

Kultur und Unterhaltung | 43

Ein unterhaltsamer Abend ist im Musical Theater Basel (▶ S. 42) gewiss: ob bei »Cats« oder – wie im Bild – bei »Joseph«, einem Frühwerk Andrew Lloyd Webbers.

maligen Ausstellungshalle der Messe Basel und bietet 1557 Sitzplätze, davon 455 auf dem Balkon.
Rosental | Feldbergstr. 151 | Tram: Musical Theater | www.musicaltheaterbasel.ch

Theater Basel C5
Renommiertes Drei-Sparten-Theater, das über drei Spielstätten verfügt: Die Große Bühne mit 1000 Plätzen präsentiert überwiegend Opern- und Ballettproduktionen, die Kleine Bühne mit 320 Plätzen hingegen dient allen drei Sparten. Hinzu kommt das Schauspielhaus mit 480 Plätzen. 2010 ist das Theater Basel zum zweiten Mal in Folge zum besten deutschsprachigen Opernhaus gewählt worden. Ab 2015 leitet Andreas Beck die Bühne, ehemaliger Leiter des Schauspielhauses Wien und zuvor Dramaturg am Bayerischen Staatsschauspiel in München und am Staatstheater in Stuttgart.
Vorstädte | Theaterplatz, Steinentorstr. 7 | Tram: Barfüsserplatz | www.theaterbasel.ch | Kartenvorverkauf: Tel. 0 61/2 95 11 33, Mo–Sa 11–19 Uhr

Weitere empfehlenswerte Adressen finden Sie im Kapitel BASEL ERKUNDEN.

FESTE FEIERN

Unter den Festen ragt natürlich die weit über die Schweizer Grenzen hinaus bekannte »Basler Fasnacht« heraus. Das schaurig-schöne Spektakel lockt jährlich mehr als 200 000 Besucher aus dem In- und Ausland in die Basler Innenstadt.

Die »drey scheenschte Dääg« (▶ Im Fokus, S. 48) motivieren jedes Jahr mehr als 12 000 aktive, also in Cliquen organisierte Fasnächtler, sowie 6000 »wilde«, die mit den Vereinen nichts am Hut haben. Basel hat aber auch noch Platz und Zeit für weitere **Events**. Das Basel Tattoo etwa existiert erst seit 2006, lockt an neun Tagen auch schon 120 000 Zuschauer auf den Hof der Kaserne. Tattoo steht im Englischen nicht nur für Körperbemalung, sondern auch für Zapfenstreich bzw. Musikparade. Der Ursprung des Wortes stammt aus dem Dreißigjährigen Krieg. Die Holländer gaben den Befehl »Doe den tap toe«, was soviel wie »Schließt den Zapfhahn« bedeutet und den Wirtsleuten und deren Gästen signalisierte, dass die Soldaten zurück in die Kasernen marschieren sollten. Die Engländer kürzten den Ausdruck bald mit »Tattoo« ab. Das berühmteste und größte Festival der Militärkapellen, das Edinburgh Military Tattoo, steigt

◀ Schottisch angehaucht: die musikalische Militärparade »Basel Tattoo« (▶ S. 46).

jedes Jahr im August in der schottischen Hauptstadt. Dahinter folgt schon der Basler Event, der seit Anbeginn ausverkauft war.

BLASMUSIK UND TROMMELWIRBEL

Woher die Vorliebe der Nordwestschweizer für **Blaskapellen** und Trommelwirbel stammt, kann nicht mal der Dirigent und Komponist Christoph Walter erklären, musikalischer Leiter des Basel Tattoo. Doch ist da nicht eine Gemeinsamkeit zwischen den Paraden und den »drey scheenschte Dääg«? Marschieren da nicht auch Uniformierte einem strikten Ritual folgend und mit Blasinstrumenten bewaffnet?

Dass die **musikalische Vielfalt** größer ist, beweisen die anderen großen Feste im Sommer und Herbst, allen voran das Jazzfestival Basel und die Baloise Session, Em Bebbi sy Jazz, das die Innenstadt zur Bühne macht oder »Im Fluss«, bei dem ein Floß auf dem Rhein zum Podium wird.

JANUAR
Vogel Gryff
Die drei Ehren-Gesellschaften zur Hären, zum Rebhaus und zum Greifen sollten ab dem 13. Jh. die Stadtmauern bewachen und Soldaten stellen. Nach der Vereinigung mit Grossbasel entfiel diese Aufgabe, aber der Brauch der Waffenmusterungen blieb erhalten. Heute ziehen die mit Masken verkleideten drei Schildhalter, Vogel Gryff – ein Greif – in schwerem Schuppenpanzer, der »Wild Maa«, ein Tännchen schwingender wilder Mann, und der Löwe Leu durch Kleinbasel und führen ihre traditionellen Tänze auf. Gleichzeitig treffen sich die rund 450 Mitglieder der zunftähnlichen Gesellschaften zum »Gryffemähli« und weiten das Mahl mit musikalisch Darbietungen und politisch-satirischen Reden bis in die späte Nacht aus.

13., 20. oder 27. Januar, ab 11 Uhr
Kleinbasel

FEBRUAR/MÄRZ
Basler Fasnacht ▶ Im Fokus, S. 48
Eine Woche nach Aschermittwoch
Innenstadt | www.fasnacht.ch | ab 8 SFr. (für die »Blaggedde«)

APRIL
Jazzfestival Basel
14 Tage im April und Mai stehen ganz im Zeichen des Jazz: John Abercrombie, Dave Holland, Chick Corea, Bill Evans, Joachim Kühn und andere Protagonisten beglücken Fans mit Mainstream und Avantgarde, Latin- und Worldmusic.
Ende April/Anfang Mai
Theater Basel und andere Orte | www.offbeat-concert.ch | unterschiedliche Preise (Festival Card ab 450 SFr.)

JUNI
Art Basel
Die berühmte Art Basel ist die weltweit wichtigste Kunstmesse. In drei Hallen präsentieren etwa 300 Galerien Kunst des 20. und 21. Jh. Die meisten stammen aus Deutschland und den USA, darunter das Museum of Modern Art und das Guggenheim Museum. In Anlehnung an die Biennale nannte »Die Zeit« die Messe einmal »Venedig am Rhein«.
Juni
Rosental | Messehallen | Tram: Messeplatz | www.artbasel.ch | 40 SFr. (Tageskarte)

JULI
Basel Tattoo
Fans wissen: Mit Tattoo bezeichnet man auch militärische Musikparaden. Auf dem Gelände der ehemaligen Kaserne feiern sie jedes Jahr eines der großen europäischen Open-Air-Tattoos.
Mitte Juli
Matthäus | Klybeckstr. 1b | www.baseltattoo.ch | ab 49 SFr.

Bundesfeier
Der Nationalfeiertag der Schweizer geht zurück auf das Jahr 1291, als Uri, Schwyz und Unterwalden die ersten Kantone bildeten. Die Festivitäten zum 1. August begeht Basel bereits am Vorabend. Die Mittlere Rhein-, die Wettstein- und die Johanniterbrücke sind für den Autoverkehr gesperrt. Ein Showprogramm treibt die Bevölkerung auf die Straßen. Höhepunkt ist ein Feuerwerk, das um 23 Uhr von einem Schiff zwischen Klingenthalfähre und Mittlerer Rheinbrücke gezündet wird.
31. Juli
Innenstadt

JULI/AUGUST
Im Fluss
Ein Floß im Rhein als Bühne, die **Basler Riviera** 🟊 als Tribüne – was das abendliche Kulturprogramm bewirkt, beschrieb der »Sonntagsblick« so: »Wenn die Dunkelheit über die Stadt sinkt, sich ihre Lichter im Rhein widerspiegeln und vom Floss die ersten Jazz-, Blues- und Rockakkorde herüber klingen, verwandelt sich Basels Riviera in einen magischen Ort.«
31. Juli–23./24. August
Altstadt Kleinbasel | Oberer Rheinweg | www.imfluss.ch | Eintritt frei

AUGUST
Rheinschwimmen
Ein Spektakel, das gerade mal eine Viertelstunde dauert: Bis zu 6000 Teilnehmer stürzen sich auf Kleinbasler Seite in den Rhein und schwimmen bis zur Johanniterbrücke.
2. oder 3. Dienstag im August
Altstadt Kleinbasel | Start: Schaffhauserrheinweg 93 | www.rheinschwimmen.ch

Em Bebbi sy Jazz
Ohne Lokalkolorit hieße die Veranstaltung etwas schlicht »Jazz für den Basler«. An mehr als 30 Orten, die meisten davon im Freien, swingt und jazzt die Innenstadt bei freiem Eintritt.
Vorletzter Freitag im August
Innenstadt | www.embebbisyjazz.ch

SEPTEMBER
Run to the Beat Basel
Ein Marathonlauf, der von Livemusik begleitet wird. Seit der Premiere 2010 sorgen Bands entlang der Strecke für rhythmische Unterstützung. Das soll den Sportlern mehr Leistung entlocken.

2. Samstag im September
Innenstadt | www.manorruntothe
beatbasel.ch

OKTOBER
Basler Herbstmesse
Das große Volksfest kombiniert Schausteller-Attraktionen mit Verkaufsständen und einem großen Angebot kulinarischer Genüsse. Die Geschichte »D'Basler Herbst-Mäss« beginnt 1471, als Kaiser Friedrich III. Basel das Fest »für ewige Zeiten« genehmigte.
Ende Oktober
Kleinbasel und Grossbasel

OKTOBER/NOVEMBER
Baloise Session
1985 begann das Musikfestival mit Jazz-, Blues-, Rockkonzerten und Stars wie Oscar Peterson oder Miles Davis. Inzwischen ist die Veranstaltung offen für nahezu jede Art populärer Musik. Die Künstlerliste reicht von Unheilig über Status Quo bis zu Aimee Mann.
3 Wochen im Oktober/November
Rosental | Festsaal der Messe | Messeplatz | Tram: Messeplatz | www.baloisesession.ch | ab 60 SFr.

NOVEMBER
Basler Stadtlauf
Fast 10 000 Teilnehmer starten beim größten Laufereignis der Region. Die 10 km lange Strecke beginnt am Münsterplatz und führt über die Mittlere Rhein- und Wettsteinbrücke zum Marktplatz. Das Besondere: Der Lauf findet abends statt, wenn die Stadt weihnachtlich geschmückt ist.
Letzter Samstag im November
Innenstadt | www.baslerstadtlauf.ch

Ende Juli bis Mitte August dient ein Kulturfloß (▶ S. 46) als schwimmende Bühne für das Festival »Im Fluss«, bei dem Blues, Jazz und Rockmusik den Ton angeben.

Im Fokus
Basler Fasnacht

Nach Aschermittwoch, wenn anderswo der Karneval längst zu Grabe getragen worden ist, geht's in Basel erst richtig los. Die »Fasnacht« verwandelt die Altstadt in ein Tollhaus: schrille Masken, schräge Umzüge, durchgehend geöffnete Lokale.

Vier Uhr früh in der Basler Altstadt: Mit den Schlägen der Kirchturmglocken erlischt die Straßenbeleuchtung in den Gässchen, kein Schaufenster, keine Werbetafel ist mehr illuminiert. Ein kollektiver Jubelschrei steigt in den Himmel auf, zigtausende Passanten bejubeln den Auftakt des Karnevals, der hier »Fasnacht« heißt und sich außer durch das fehlende »t« in vielen Eigenheiten vom deutschen Fastnachtstreiben unterscheidet: Sie beginnt immer am Montag nach Aschermittwoch mit dem »Morgestraich« und endet am Donnerstag.

Die Basler Fasnacht gleicht einem geheimnisvollen Spuk, einem schaurigen Spektakel, das eigenen Gesetzen folgt. Die Basler rühmen sich, die »einzige protestantische Fasnacht der Welt« zu zelebrieren. Diese beginnt um Punkt vier Uhr in der Früh. Viele Schaulustige harren schon lange zuvor in der kalten Winternacht aus, bis endlich die Straßenbeleuchtung erlischt. Allein die bunten Kopflaternen der Fasnächtler, organisiert in Cliquen, leuchten in der Nacht. Die Tambourmajore der Cliquen geben ab jetzt den Takt vor:

◀ Einer, der bei der Basler Fasnacht (▶ S. 48)
nicht fehlen darf, ist der »Lällekönig«.

»Morgestraich, vorwärts marsch!« Zwei Züge setzen sich gemessenen Schrittes vor- und rückwärts schwankend in Bewegung. Dabei laufen die Defilees entsprechend festgelegter Routen, den »Cortèges«, gegeneinander. Als Erkennungsmerkmal und Zugehörigkeit zu einer bestimmten Clique (Fasnachtsverein) dienen die Kopflaternen, denn die Aktiven tragen beim »Morgestraich« keine einheitlichen Kostüme und haben ihre Gesichter mit teils Schauer erregenden Masken verhüllt. Streng ist die Trennung zu den Zuschauern. Es würde dem Basler Publikum auch nicht in den Sinn kommen, sich mit einer roten Pappnase oder einer Perücke zu »verkleiden«.

DIE DREY SCHEENSCHTE DÄÄG

Während die Züge der Cliquen bei schneidender, durchdringender Kälte bis in den hellen Morgen defilieren, erobert ein Teil der fast 18 000 Aktiven die Kneipen der Innenstadt. Nahezu alle Lokale im Basler Kern haben an den »drey scheenschte Dääg« durchgehend geöffnet. Bei Basler Mehlsuppe, Zwiebel- oder Käsewähen und einem Obstler wird einem schnell wieder warm ums Herz. Jetzt haben die »Schnitzenbänkler« ihren Auftritt, »dr Bangg« genannt, die sich in der Tradition der Bänkelsänger über regionale, nationale oder internationale Ereignisse auslassen: auf Baseldütsch, versteht sich, was Fremden leider den Zugang zu diesen ironisch bis hämischen Darbietungen erschwert.

UMZÜGE, BLECHMUSIK UND »RÄPPLI«

Der Dienstagabend auf den Straßen gehört in erster Linie der »Guggemuusig« mit ihren Blechblasinstrumenten. Die Umzüge der Cliquen am Mittwoch bilden den letzten Höhepunkt der Basler Fasnacht. Die mit viel Liebe und Fantasie geschmückten Wagen rollen gemächlich durch die Gassen. Maskierte auf den Gefährten verteilen großzügig Süßigkeiten. Wer es vermeiden möchte, eine geballte Ladung Konfetti – hier »Räppli« genannt – in den Kragen gestopft zu bekommen, sollte bei den Straßenverkäufern auf jeden Fall eine »Blagedde« (Plakette) erwerben, aus deren Erlös die Umtriebigen unterstützt werden. Es heißt übrigens, in Basel würde mehr Konfetti verstreut als in Köln oder Mainz. Umso erstaunlicher ist, dass man am Folgemorgen kaum mehr Spuren davon in den Gassen findet. Auch das gehört zur Basler Fasnacht, die pünktlich und aufgeräumt nach 72 Stunden endet (www.fasnacht.ch und www.baslerbebbi.ch).

MIT ALLEN SINNEN
Basel spüren & erleben

Reisen – das bedeutet aufregende Gerüche und neue Geschmackserlebnisse, intensive Farben, unbekannte Klänge und unerwartete Einsichten; denn unterwegs ist Ihr Geist auf besondere Art und Weise geschärft. Also, lassen Sie sich mit unseren Empfehlungen auf das Leben vor Ort ein, fordern Sie Ihre Sinne heraus und erleben Sie Inspiration. Es wird Ihnen unter die Haut gehen!

◀ Die Gewächshäuser im Botanischen Garten (▶ S. 51) beherbergen auch viele Exoten.

SEHENSWERTES

Botanischer Garten B 4

Mitten in der Stadt liegt der größte botanische Garten der Schweiz. Hier gedeihen dreimal so viele Pflanzenarten, wie im gesamten Mitteleuropa wild wachsen. Der Botanische Garten der Universität Basel ist ein Ort zum »Eintauchen«: Im Tropenhaus zwitschern Brillenvogel und Weißkopf-Bülbül, die Luft ist feuchtwarm, Farne und Palmen verwandeln das Haus in einen Dschungel, in dem die rot-gelbe Hängende Hummerschere wilde Farbtupfer setzt. Toll: Das Haus gibt eine Gratis-App mit allen Pflanzenarten plus einem Lageplan für iPhone, Android und Windows Phone heraus.

Vorstädte | Schönbeinstr. 6 | Tram, Bus: Spalentor | www.botgarten.unibas.ch | Garten: April–Okt. tgl. 8–18, Nov.–März tgl. 8–17 Uhr, Gewächshäuser: tgl. 9–17 Uhr | Eintritt frei

Nachts im Zoo B 5

Wenn der Basler Zoo seine Pforten schließt, gehen die Tiere noch lange nicht schlafen. Die Pfleger beenden ihr Tageswerk und löschen das letzte Licht. Jetzt wird es erst richtig spannend für die Besucher, die »Wenn es Nacht ist im Zolli … « gebucht haben. Taschenlampen, Kerzen oder Handylichter sind verboten, wenn der Biologe Adrian Baumeyer, Kurator im Zoo Basel und Fremdenführer, zu seiner Tour durch den Tiergarten lädt. 90 Minuten sensibilisiert er die Teilnehmer für das Leben im fahlen Mondlicht: Was hat da gerade eben geknackt im Gebüsch, wessen Augen leuchten hinter diesem Gitter? Die vier Elefantenkühe beispielsweise sind nachtaktiv, ebenso die Afrikanische Eierschlange, Brillenbären oder Flusspferde. Es könnte ein wenig unheimlich werden im »Zolli« – spannend wird es auf jeden Fall. Die Teilnehmerzahl ist stark begrenzt, bitte frühzeitig anmelden.

Bachletten | Binningerstr. 40 | Tram: Zoo Bachletten, Zoo Dorenbach, Zoo, Bus: Zoo Dorenbach | Tel. 0 61/2 61 33 33 | www.visitbasel.ch | 30 SFr.

ESSEN UND TRINKEN

Molekularküche C 6

Der kulinarische Trend des vergangenen Jahrzehnts wurde in der Molekularküche komponiert: warme Gelees, heißes »Eis« oder »Kaviar« aus Melonen – das Basiswissen um chemische Reaktionen ist notwendig, damit Schäume zu Träumen werden. Die Lebensmittelkette Migros veranstaltet in ihrer Klubschule – meist an einem Abend – Basiskurse zu diesem, aber auch anderen Themen: vegane Küche aus aller Welt oder Weinseminare, die versprechen, eine persönliche Beziehung zum Wein herzustellen. Was ist überraschender, als die Liebsten daheim – und sich selbst – mit neuen Rezepten zu verwöhnen?

Gundeldingen | Jurastr. 4 | Tram, Bus: Solothurnerstrasse | www.klubschule.ch | versch. Termine | ca. 96–230 SFr.

Restaurant-Tram »Dante Schuggi« C 4

Die Tram ist das Vehikel Nummer Eins im Straßenverkehr – schnell, zuverlässig, unverzichtbar. »Dante Schuggi« ist anders: Diese Straßenbahn ist weniger zuverlässig, weil sie seltener fährt, und ist langsam, weil sie von der Schiffländ bis zum Fischmarktbrunnen 105 Minuten benötigt – zu Fuß sind es zwei! Aber warum sich nicht einmal eine Stadtrundfahrt der besonderen Art gönnen, mit diesem Oldtimerzug, Baujahr 1914, und einem Hauptgang plus Dessert, der den Gästen während des Sightseeings serviert wird. Der Speiseplan ist eher rustikal, mal kommt Rehpfeffer »Jäger-Art« mit Spätzli und Rotkraut auf den Tisch, mal Geschnetzeltes Kalbfleisch »Züri-Art«. Es geht mehrmals über den Rhein, nach Gundeldingen und ins Bruderholz, nach Kleinbasel und St. Johann. Bei der Rundfahrt wird nichts erklärt, das muss Sie nicht stören: Sie haben ja diesen Reiseführer, in dem Sie schmökern können!

Altstadt Grossbasel | Treffpunkt Tram, Bus: Schiffländ | Anmeldung Tel. 0 61/2 61 29 29 | Jan.–Mai, Sept.–Ende Nov. Fr 19, Ende Nov.–Ende Dez. Fr 19, Sa, So 12 Uhr | 45 SFr. (ohne Getränke)

KULTUR UND UNTERHALTUNG
Münsternächte C 4

Das mächtige **Münster** ⭐2, Wahrzeichen der Stadt, einmal ganz anders, nämlich fernab der Touristenströme erleben: Einmal im Monat darf man die Hallen spätabends, im Schutze der Dunkelheit, durch Musik wahrnehmen. Verschiedene Themen – »Raum und Klang« oder »Münstergesichter«, magisch illuminiert oder bewusst ausgeleuchtet, kein Abend ist wie ein anderer. Auch die musikalische Gestaltung, die das Spektakel begleitet, variiert, es spielten bereits Mitglieder des Sinfonieorchesters Basel.

Altstadt Grossbasel | Münsterplatz | Tram: Kunstmuseum | www.baslermuenster.ch (unter Kirchliches Leben/Besuche und Führungen/Führungen/Münsternächte) | meistens letzter Fr im Monat, 22 Uhr | Eintritt 15 SFr.

AKTIVITÄTEN
Naturkosmetik selber mischen B 4

Kann ein Labor schön sein? Im Pharmazie-Historischen Museum schon,

schließlich hegen und pflegen deren Macher ihre Ausstellungräume und den hauseigenen Kräuterladen Herbarium (▶ S. 71), in denen sie im Herbst auch Workshops für interessierte Laien anbieten. Die Kurse dauern in der Regel drei Stunden, und danach können die Teilnehmer z. B. Zahnpasta herstellen, Lippenstifte in ihren Lieblingsfarben produzieren oder – wie im Basiskurs Naturkosmetik – ein eigenes Duschpeeling, eine Pflegecrème oder Lipgloss kreieren. Neue Kurse werden im Juli/August bekanntgegeben.

Altstadt Grossbasel | Totengässlein 3 | Tram: Marktplatz | www.pharmaziemuseum.ch (unter Führungen und Workshops) | verschiedene Termine | 50–75 SFr.

Papier schöpfen 🞂 D 4

Was Smartphones und Tablets fehlt, ist Haptik. Kein E-Book kann die Oberflächenstruktur einer Buchseite liefern oder die Räumlichkeit einer Papierprägung. Deswegen freut man sich mittlerweile besonders, wenn im Postkasten ein handgeschriebener Brief liegt. Die Basler Papiermühle, ein Museum für Papier, Schrift und Druck, lüftet die Geheimnisse von Blatt und Bogen und lehrt alte Schriften zu interpretieren. In den etwa zweistündigen Kursen dürfen die Teilnehmer den bedruckbaren Faserbrei schöpfen und unterschiedliche Typen kennenlernen – von Papier selbstverständlich. Und zwischendrin findet sich bestimmt Zeit, auf Facebook zu posten, was man gerade tut.

Vorstädte | St. Alban-Tal 37 | Tram: Kunstmuseum | Tel. 0 61/2 25 90 90 | www.papiermuseum.ch (unter Bildung und Vermittlung/Kursangebote) | Termin nach Absprache | Gruppenpreis: 250 SFr.

Schweizer Schokolade selber machen 🞂 B 5

Schokolade! Wer hat's erfunden? Richtig: Die Olmeken, ein Indianervolk in Mittelamerika, vor mehr als 3000 Jahren. Aber die Schweizer haben daraus eine Kunst gemacht. Die traditionsreiche, 1898 gegründete Confiserie Beschle zeigt, wie es geht: Nach einer Besichtigung der Produktionsräume mit »Schoggi-Degustation« erklärt Pascal Beschle, Chef de Création des Familienunternehmens, worauf es bei der Kombination der Zutaten ankommt. Und danach darf jeder Teilnehmer seine persönliche Geschmacksrezeptur umsetzen und bekommt noch ein Geschenk. Anmeldung über die Basler Tourismusagentur. Kleines Hindernis: Es müssen sich genügend Schokoliebhaber finden.

Gundeldingen | Margarethenstr. 29 | Tram, Bus: IWB | www.beschle.ch | Anmeldung Tel. 0 61/2 68 68 58 | 4–19 Personen: 87 SFr./Person

Im Museum Basler Papiermühle (▶ S. 53) kann man alles über Papier erfahren, auch wie es entsteht bzw. »geschöpft« wird, wie es im Fachjargon heißt.

Maschinenskulpturen von Jean Tinguely faszinieren im gleichnamigen Museum (▶ S. 114).

EINHEIMISCHE EMPFEHLEN

*Die schönsten Seiten Basels kennen am besten diejenigen,
die diese Stadt seit Langem oder schon immer ihr Zuhause nennen.
Drei dieser Bewohner lassen wir hier zu Wort kommen – Menschen,
die eines gemeinsam haben: die Liebe zu ihrer Stadt.*

Andrea Otto, Unternehmerin

Ein Quartier im Aufbruch – und Andrea Otto mittendrin. Die Inhaberin des Modeladens **Riviera** (▶ S. 38) gründete 2006 ihr Geschäft in der Feldbergstr. 43 im Stadtteil Matthäus. »Damals war hier noch nicht so viel los.« Mittlerweile sitzt die gelernte Werbekauffrau im Vorstand von REH4, einem Verein aus Inhabern von Geschäften, Galerien und unabhängigen Orten, die ihr Revier fördern wollen. Andrea Otto setzt auch privat auf den Mix aus Szenekneipen, Designerläden und Offspaces in Kleinbasel. »Die Shoppingmeilen in Grossbasel empfinde ich als kalt und unpersönlich, lieber bummele ich hier im Quartier und entdecke

Im Naherholungsgebiet Lange Erlen am Flüsschen Wiese (▶ S. 57) kann man auf den Finnenbahnen walken oder joggen und dabei Frischluft und neue Energie tanken.

Neues.« Abends schlägt sie im Feldberg mit der Lady Bar (▶ S. 94) auf, gerne aber auch im Goldenen Fass (Hammerstr. 108) mit Restaurant und Bar. Und wenn es ihr einmal zu eng wird, geht sie in den **Langen Erlen** joggen auf der federn(d)-weichen Finnenbahn (▶ S. 13): »Das ist wie Meditation.«

Theo Reichert, Gastronom

Er ist Gastronom mit Leib und Seele: Theo Reichert, einer von vier Geschäftsführern des **Feldberg Kiosks** (▶ S. 18) will nicht nur Getränke verkaufen. »Unser Ziel ist es, Anlaufstelle für die Menschen zu sein. Das soll hier ein Treffpunkt für die Bewohner werden.« Theo Reichert ist gelernter Konditor, war früher Barchef in der Kaserne: »In der Gastronomie habe ich meinen Platz gefunden.« Im Sommer zieht es ihn an die Oetlinger Buvette (Unterer Rheinweg, Höhe Oetlingerstrasse, tgl. 11–23 Uhr ⬥ C3): Im Winter empfiehlt er hingegen die EG Lounge auf dem Kasernengelände (Klybeckstr. 1b ⬥ C3): »Die besten Cocktails.« Und dann gebe es noch die Hinterhof Bar (Münchensteinerstr. 81 ⬥ D6) in St. Alban mit Kulturprogramm und traumhafter Dachterrasse.

> »Im Rhein schwimmen, grillen, Bier trinken, Leute treffen, relaxen – einfach herrlich«
>
> Theo Reichert

Ariane Aksoy, Licht-Arbeiterin

Sie steht mit beiden Beinen fest im Leben und weiß, dass es noch Dinge gibt, die man nicht tasten, sehen, schmecken kann. Ariane Aksoy (E-Mail: sasvati@gmx.net) beschäftigt sich mit Energie-Heilung. Sie ist Reiki-Meisterin und nutzt u. a. »Vortex-Healing«, um anderen Menschen zu helfen. Sich selbst nennt sie schlicht »Licht-Arbeiterin«. In Basel schätzt Ariane Aksoy die heimelige Atmosphäre auf dem **Andreasplatz** in Altstadt Grossbasel mit dem Affenbrunnen, dem Café Zum roten Engel, der Holzofenbäckerei Bio Andreas (▶ S. 34) und kleinen Läden wie dem Spielbrett oder der esoterischen Buchhandlung Sphinx. Außerdem empfiehlt sie das Restaurant Hirscheneck (▶ S. 31) wegen der »ganz normalen, natürlichen Leute im Publikum und am Tresen«.

ALTSTADT GROSSBASEL

Basels Wiege steht in diesem Stadtteil, in Altstadt Grossbasel. Auch wenn schon zuvor erste Siedlungsspuren im Raum nachgewiesen wurden, gilt der Platz, wo heute das berühmte Münster steht, als Geburtsort Basels.

Hier siedelte sich im letzten Jahrhundert v. Chr. ein Stamm der Kelten an. Im 9. Jh. entstand die erste Kirche auf dem Münsterhügel, um den herum sich die Stadt ausbreitete. Heute entspricht das Gebiet der Altstadt Grossbasel jenem Raum, der einst von der Stadtmauer umschlossen wurde. Daran erinnern jene Straßen, die auf »graben« enden – Petersgraben, Leonhardsgraben, St. Alban-Graben – dort schützten früher die Wehrgräben die mittelalterliche Stadt. Grossbasel zeigt auch heute noch ein weitgehend intaktes Gesicht mit kopfsteingepflasterten Gassen und mittelalterlichen Häuserzeilen.

Hier bildeten sich die Zentren der Macht und des Wohlstands, und diese Strukturen lassen sich bis heute verfolgen. Auf Grossbasler Seite – damit ist das linksrheinische Basel gemeint – befinden sich Geldinstitute wie die Basler Kantonalbank und Privathäuser wie Sarasin oder Baumann & Cie.

◀ Das scharlachrote Rathaus (▶ MERIAN TopTen, S. 63) dominiert den Marktplatz.

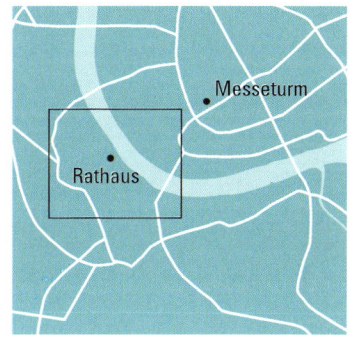

Nicht zu vergessen: Grossbasel ist Sitz der BIZ, der Bank für Internationalen Zahlungsausgleich.
Fast zwangsläufig gründeten sich – oft durch Stiftungsgelder wohlwollender Unternehmer – die großen Museen in Grossbasel wie die Kunsthalle oder das Kunstmuseum. Politisch manifestiert sich diese Entwicklung mit dem Bau des Rathauses am Marktplatz im 16. Jh., in dem heute sowohl die Geschicke der Stadt als auch die des Kantons Basel-Stadt geleitet werden.

HISTORISCHE SUBSTANZ UND MODERNE

Den Wert ihrer historischen Altstadt erkannten die Basler nicht von Anfang an. Bausünden wie der Spiegelhof in der Spiegelgasse 6–12 – erbaut in den 1930er-, erweitert in den 1950er-Jahren –, in dem Teile von Justiz und Polizei untergebracht sind, zeugen von einem »Modernisierungsschub« im 20. Jh. Zum Glück wurde die mehrspurige »Tal-Entlastungsstraße« nie verwirklicht. Sie sollte durch die Schneider- und Münzgasse und über den Barfüsserplatz bis in die Steinenvorstadt führen – und hätte die Zerstörung des Altstadtkerns zur Folge gehabt.

SEHENSWERTES

1 Basilisk  C4

Der Basilisk ist nicht nur eine Leguanart in den Tropen, sondern auch ein Fabeltier: eine Mischung aus Drache, Schlange und Hahn mit einem tödlichen Biss. Diese seltsame Kreuzung steht für Tod, Teufel und den Antichristen und tauchte erstmals im Mittelalter auf. Ausgerechnet dieses Horrorwesen wurde zum Schildhalter für das Basler Wappen. Das Abzeichen – schwarz auf weißem Grund – stellt den Hirtenstab der Basler Bischöfe dar und wird vom Basilisken getragen. Das Tier ist heute vielfach im Stadtbild zu finden, z. B. auf dem Basiliskenbrunnen oder an der Wettsteinbrücke. Dort wachten im Jahr 1880, kurz nach der Eröffnung, vier 3 m hohe Statuen. Wegen der Verbreiterung der Brücke in den 1930er-Jahren wurden die Basilisken an anderen Plätzen aufgestellt. Mit dem Brückenneubau 1991 übergab die Stadt einen der Originalbasilisken wieder seinem Ursprungsort – das 50 t schwere Fabeltier steht heute am Brückenkopf auf Grossbasler Seite.

– Wettsteinbrücke | Tram: Kunstmuseum
– Basiliskenbrunnen | Augustinergasse | Tram: Marktplatz

> **Sightseeing mit der Basler Personenschifffahrt** ❶
>
> Lassen Sie sich auf einem der vier Schiffe über den Rhein schippern, um Basel und Umgebung ganz entspannt auf dem Wasserweg zu erkunden, mal mit Vier-Gänge-Menü und Weinprobe, mal mit Livemusik, mal als Stadt- und Hafenrundfahrt (▶ S. 12).

❷ Blaues und Weißes Haus C4

Die beiden Barockgebäude wurden zwischen 1763 und 1775 von dem Basler Architekten Samuel Werenfels als Wohn- und Geschäftshaus für Lukas und Jakob Sarasin erbaut, ihres Zeichens Seidenbandfabrikanten. Die Masken über den Fenstern im Erdgeschoss symbolisieren die vier Jahreszeiten. Heute sind Behörden in den beiden Palais' untergebracht. Dennoch sind die Räume im Rahmen einer Führung für die Öffentlichkeit werktags ab 18 Uhr und am Wochenende ganztägig zugänglich.

Rheinsprung 16 bzw. 18 | Tram: Marktplatz, Schifflände | Führungen: werktags ab 18 Uhr und am Wochenende ganztägig, Anmeldung bei Basel Tourismus Tel. 0 61/2 68 68 68 oder per E-Mail guide-tours@basel.com | Gruppenpreis 200 SFr., maximal 20 Teilnehmer

❸ Fischmarktbrunnen B4

Vom mittelalterlichen Fischmarkt blieb allein der zwölfeckige spätgotische

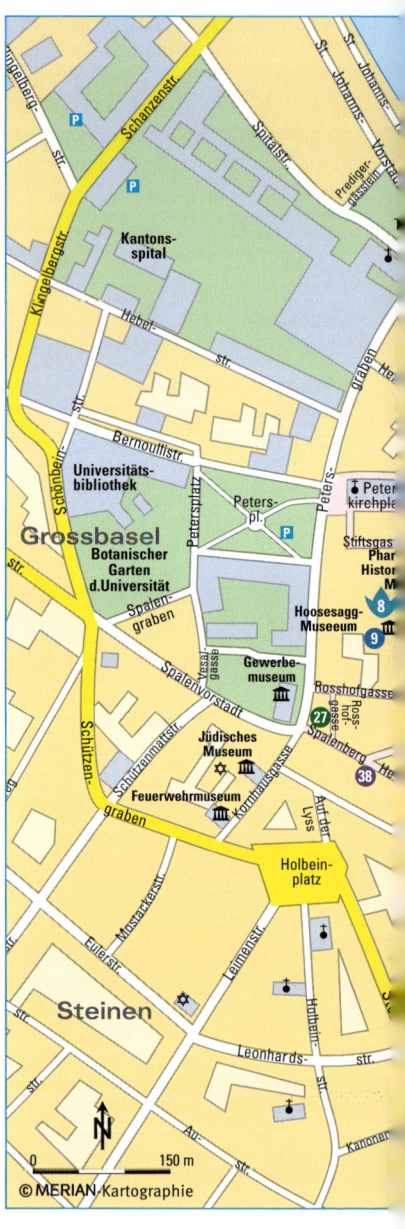

Altstadt Grossbasel | 61

Brunnen aus dem 14. Jh. erhalten. Die Replik des Stocks ist 11 m hoch. Das Original ist im Historischen Museum zu bewundern. In seiner Mitte schwingt die Jungfrau Maria mit Kind das Zepter. Früher lagerten die Fischer ihre lebende Ware in Kisten verpackt im Brunnen, um sie kühl zu halten und ganz frisch verkaufen zu können.
Fischmarkt (nördl. vom Marktplatz) | Tram: Marktplatz

Wollen Sie's wagen?

In Basel stehen fast 200 Brunnen. Was kann es Schöneres geben, als an einem schwülen Sommertag die Wasserspender wörtlich zu nehmen und sich hineinzulegen? Rund 10 % der Brunnen eignen sich für ein Bad, z. B. der Schöneck-Brunnen an der Ecke St. Alban-Vorstadt und Mühlegasse, der Grabeneck-Brunnen am Rand des Petersplatzes oder der Brunnen auf dem Rümelinsplatz. Einfach mal versuchen! Verboten? Keineswegs – außer Sie sind splitterfasernackt. Aber das hätte nichts mit dem Bad im Brunnen zu tun.

4 Lällekönig   C4

Ein Kuriosum der Basler Geschichte stellt der »Lällekönig« dar. Im Mittelalter schützte ein Stadttor an der Rheinbrücke den linksrheinischen Teil Basels. Mitte des 17. Jh. installierte man hoch oben im Tor eine Maske mit Krone. Das Besondere: Mittels eines Uhrwerks streckte der König seine »Lälli«, die Zunge, heraus – immer gen Kleinbasel, wo die »Minderwertigen« der Einwohnerschaft lebten. Das Tor existiert längst nicht mehr, das Original der Maske treibt seine Possen heute im Historischen Museum. Eine Kopie ziert die Ecke des Hauses Schifflände 1, vis-à-vis der Mittleren Rheinbrücke, und scheint noch heute Kleinbasel zu verspotten – oder aber die Passanten.
Schifflände 1 | Tram, Bus: Schifflände

2 Münster   C4

Schon die Kelten besiedelten im 1. Jh. vor Chr. den strategisch günstig gelegenen Münsterhügel: Hoch über dem Rhein errichtet, waren mögliche Feinde zu Land und zu Wasser früh zu erkennen. Gestiftet wurde der romanisch-gotische Bau (1119–1500) von Kaiser Heinrich II. und seiner Frau Kunigunde. Bis zum Erdbeben 1356 besaß das Münster noch fünf Türme. Zwischen 1431 und 1449 tagte hier das Basler Konzil und wählte 1439 Felix V. als Gegenpapst zu Eugen IV.
Charakteristisch sind heute der Georgs- und Martinsturm mit 64,2 bzw. 62,7 m. Die Türme sind über 115 Stufen zu erklimmen.

🕒 Samstags um 17 Uhr bläst der Stadtposaunenchor zur Sonntagsruhe und erinnert an eine alte Tradition: Nach 1360 achteten Turmwächter auf die Stadt und bliesen zu jeder vollen Stunde ins Horn.
Münsterplatz | Tram: Kunstmuseum | www.baslermuenster.ch | Sommerzeit: Mo–Fr 10–17, Sa 10–16, So 11.30–17, Winterzeit: Mo–Sa 11–16, So 11.30–16 Uhr | Eintritt 5 SFr. (nur Turm)

5 Pfalz   C4

Die Plattform hinter dem Münster heißt »Pfalz«. Der Begriff leitet sich aus dem Lateinischen von »palatium«, »Palast«, ab. Wahrscheinlich befand sich hier der Sitz des Bischofs Haito, der im 9. Jh. den Vorläuferbau der heutigen Kathedrale, das Haito-Münster, errichten ließ. Diese etwa 20 m hoch aufgeschüttete Terrasse grenzt an den Chor des Münsters und bietet einen wunderbaren Blick auf den Rhein und Kleinbasel. Wer nicht nur die schöne Aussicht genießen möchte, entdeckt an der Brüstung eine öffentliche Maßeinheit eingemeißelt, das »Alte Basler Mauermass: 100 Schweizer Fuss = 30 Meter«. Sie befindet sich jeweils rechts und links an der Mauer zum Rhein.

Münsterplatz | Tram: Kunstmuseum

 Rathaus C4

Stolz auf den Eintritt in die Eidgenossenschaft begann das Bürgertum 1504 mit dem Bau des scharlachroten Rathauses. 1514 nach Entwürfen des spätgotischen Baumeisters Ruman Faesch fertiggestellt, dominieren außen die drei Eingangsbögen und das goldene Türmchen, das Elemente aus Gotik und Renaissance aufweist. Der mächtige Ostturm und der Westtrakt kamen erst zwischen 1898 und 1904 hinzu. Im Innenhof fallen das Standbild und die prächtigen Fresken auf, die zum größten Teil vom Basler Künstler Hans Bock aus der Mitte des 16. Jh. stammen. Die Statue ist dem römischen Feldherrn Lucius Munatius Plancus gewidmet, der 44 v. Chr. die Kolonie Augusta Raurica gründete und somit die Besiedlung Basels einleitete. Nur keine falsche Scheu: Die Empore im Innenhof steht Besuchern offen.

Marktplatz 9 | Tram: Marktplatz | Mo–Fr 7–12 und 13.30–18 Uhr

Das Innere des Basler Münsters (▶ MERIAN TopTen, S. 62) zeigt sich weitgehend im romanischen Stil. Deckengewölbe und die äußeren Seitenschiffe hingegen sind gotisch geprägt.

⭐ Rheinfähren 🚋 B3–D4

Die vier Rheinfähren, die Klein- und Grossbasel verbinden, gehören zu den zahlreichen Basler Attraktionen. Im Jahr 1854, damals existierte allein die Mittlere Rheinbrücke als Passage, wurde die erste »Fähri« in Betrieb genommen. Heute, da sieben Brücken den Rhein überqueren und jedermann zu Fuß oder mit dem Auto in den anderen Teil der Stadt gelangen kann, sichert eine Stiftung die Existenz der Fähren. Sie gelten als das umweltfreundlichste öffentliche Verkehrsmittel, weil sie – von einem Stahlseil gehalten – allein von der Strömung des Rheins angetrieben werden. Benannt sind die Fähren allesamt nach den Hauptfiguren des traditionellen Umzugs »Vogel Gryff« (▶ Feste feiern, S. 45).
www.faehri.ch
– Altstadt Grossbasel/Altstadt Kleinbasel | »Wild Maa« (St.-Alban-Fähre) zwischen Wettstein- und Schwarzwaldbrücke: April–Okt. tgl. 7–19, Nov.–März tgl. 11–17 Uhr | Fahrpreis 1,60 SFr., Kinder 0,80 SFr.
– Altstadt Grossbasel/Altstadt Kleinbasel | »Leu« (Münster-Fähre) zwischen Mittlerer Rhein- und Wettsteinbrücke: Sommer tgl. 9–20, Winter tgl. 11–17 Uhr | Fahrpreis 1,60 SFr., Kinder 0,80 SFr.
– Altstadt Grossbasel/Altstadt Kleinbasel | »Vogel Gryff« (Klingental-Fähre) zwischen Johanniter- und Mittlerer Rheinbrücke: April–Okt. tgl. 7–19, Nov.–März tgl. 11–17 Uhr | Fahrpreis 1,60 SFr., Kinder 0,80 SFr.
– Altstadt Grossbasel/Altstadt Kleinbasel | »Ueli« (St.-Johann-Fähre) zwischen Dreirosen- und Johanniterbrücke: Sommer tgl. 11–23, Winter 11–17 Uhr | Fahrpreis 1,60 SFr., Kinder 0,80 SFr.

⭐ Tinguely-Brunnen 🚋 C5

Jean Tinguely wuchs in Basel auf und lebte lange Zeit in Paris. Berühmt wurde er durch seine Maschinenskulpturen: Seine bekannteste Arbeit ist neben dem Strawinsky-Brunnen in Paris – den er mit seiner Frau Niki de Saint Phalle schuf – der Fasnachtsbrunnen, auch Theater- oder Tinguely-Brunnen genannt, vor dem Theater in Basel, nahe dem Barfüsserplatz. 1977 eingeweiht, ist das Arrangement der mit dem Wasser spielenden Masken ein Anziehungspunkt für Einheimische. Hier trifft man sich zur gemeinsamen Mittagspause oder zum Besuch der nächsten Beiz. Nicht wundern, wenn der Theaterplatz nicht im Stadtplan auftaucht. Offiziell gibt es ihn gar nicht, aber jeder nennt das ungetaufte Areal vor dem Theater so.
Theaterplatz | Tram: Barfüsserplatz

MUSEEN UND GALERIEN
MUSEEN
❻ Antikenmuseum Basel und Sammlung Ludwig ▶ S. 108
❼ Historisches Museum Basel – HMB Museum für Geschichte ▶ S. 110
❽ Historisches Museum Basel – HMB Museum für Musik ▶ S. 111
❾ Hoosesagg-Museuem ▶ S. 110
❿ Museum der Kulturen Basel ▶ S. 113
⓫ Naturhistorisches Museum ▶ S. 114
⓬ Pharmazie-Historisches Museum ▶ S. 115
⓭ Spielzeug Welten Museum Basel ▶ S. 116

GALERIEN
⓮ Stampa ▶ S. 118

Wer mit der Münsterfähre (▶ MERIAN TopTen, S 64) über den großen Fluss übersetzt, hat eine einzigartige Perspektive auf das mächtige Wahrzeichen der Stadt.

ESSEN UND TRINKEN
RESTAURANTS

🟢 **Bodega zum Strauss** ▶ S. 27

🟢 **Brasserie Baselstab** C 4

Begehrte Außenplätze – Der Export-Klassiker der Schweizer Gastronomie, das Mövenpick, findet sich natürlich auch in Basel: Gegenüber dem Rathaus empfiehlt der Koch Zanderfilet im Weinblatt mit leichter Chardonnay-Sauce, aber auch Zürcher Geschnetzeltes. Relativ günstige Mittagsteller und viele Außenplätze für den »Schümli« (Kaffee) zwischendurch sorgen dafür, dass man unter freiem Himmel genüsslich das rege Treiben auf dem Marktplatz beobachten kann.

Marktplatz 30 | Tram: Marktplatz | Tel. 0 61/2 61 31 00 | http://restaurants.moevenpick.com | tgl. 8.30–23 Uhr | €€

🟢 **Brötli-Bar** C 4

Lecker belegt – Die »gesunde Schnellverpflegung« (Eigenbezeichnung) gehört zum Stadthof (▶ S. 24) und ist eine wahre Institution in Basel. Als Geburtsdatum gilt 1906. Damals eröffnete Nessler's Bar und bot »50 diverse Sorten belegte Brödchen«, sowie »Champagner per Glas« und »Münchner Löwenbräu« dem Publikum zum Verzehr an. Genauso lang beliefert die Bäckerei Lüthi die Brötli-Bar jeden Morgen um 3 Uhr mit frischem Toastbrot. Daraus zaubern die Mitarbeiter von Daniela und Josef Schüpfer rund 30 verschiedene »Brötli«, mal belegt mit Tartar – alle 30 Minuten frisch zubereitet – mal mit Truthahnbraten, Eier-Sardellen oder Roastbeef. Und natürlich »veggie« mit Curry-Reis, Käse, Spargel oder Maissalat. Begehrt: die

wenigen Barhocker am Fenster mit Blick auf den Barfüsserplatz.
Gerbergasse 84 | Tram: Barfüsserplatz | Tel. 0 61/2 61 87 11 | www.broetlibar.ch | tgl. 9–24 Uhr | €

⓲ Cheval Blanc ▶ S. 27

⓳ Gifthüttli C 4
Kult-Beiz 1 – Nur einen Steinwurf von Kult-Beiz 2, der Hasenburg, entfernt, lädt das Gifthüttli zu Speis und Trank. Den schrägen Namen erhielt die Kneipe von den »Basler Nachrichten«, die vor mehr als 120 Jahren schrieben: »Bier, das nicht direkt beim Bierbrauer getrunken werde, ist Gift.« Damals hatte der Wirt Innocenz Weiss sowohl Wein als auch Bier auszuschenken – zu der Zeit noch Vorrecht der Hausbrauereien. Auf die Teller kommen hier traditionelle Gerichte wie »Kalbslääberli« oder »Giggelibruscht Gschnääfel an Estragonsoosse mit Plizli«, netterweise auch auf Hochdeutsch beschrieben – »Pouletgeschnetzeltes an Estragonsauce mit Champignons«. Bekannt ist das Giftüttli allerdings für seine Cordon Bleus. Die gibt's in zwölf Varianten, z. B. »Florentiner Art«, gefüllt mit Spinat, Schinken und Käse, belegt mit einem Spiegelei. Und dazu gibt's »Byylaage zer Uuswaal«.
Schneidergasse 11 | Tel. 0 61/2 61 16 56 | www.gifthuettli.ch
– Beiz: So–Do 10–23.30, Fr, Sa 9.30–24 Uhr | €€
– 1. Stock: So–Do 11.30–14, 18–23.30, Fr, Sa 11.30–14, 18–24 Uhr | €€€

⓴ Hasenburg   B 4
Einfach typisch – Die Hasenburg ist eine wahre Institution in Basel, eine urige Beiz mit Kultstatus, bei der die Kalbsbratwurst an Zwiebelsauce mit Rösti über den Tellerrand ragt, und man bangte, wer sie wohl übernehmen wird, nachdem das Pächterpaar seinen Rückzug ankündigte. Der neue Wirt ist fast ein alter – Daniel Rieder, Sohn einer ehemaligen Hasenburg-Pächterin. Und er verspricht, dass die Küche etwas leichter wird. Aber »Läberli mit Röschti« wird es weiterhin geben.
Schneidergasse 20 | Tram: Marktplatz, Schifflände, Bus: Schifflände | Tel. 0 61/2 61 32 58 | Beiz: Mo–Sa 10–24 Uhr, 1. Stock: Mo–Fr 11.45–14, 18–23.30, Sa 18–23.30 Uhr | €€

㉑ Kohlmanns C 5
Dreiländer-Menü – Eine Wand aus stilisierten Weinfässern, anthrazitfarbene Pfeiler, Bänke, Tische und Stühle aus Eichenholz – das Kohlmanns im Stadtcasino am Barfüsserplatz ist stylish und cool und bietet traditionelle und mediterran beeinflusste Küche, z. B. Bandnudeln mit gebratenen Pouletbruststreifen, Broccoli, Mandeln und Kirschtomaten, verfeinert mit Rauken-Pesto. Oder Rindsschmorbraten an sämiger Rotweinsauce mit Stampfkartoffeln. Der Knüller sind allerdings die Rezepte »à la Kohlmanns«, entliehen der Rezeptsammlung Johannes Kohlmanns (1864–1923), eines süddeutschen Ingenieurs in Basel, der nächtelang am Funkgerät gesessen haben soll, um typisch regionale Rezepte für die Nachwelt zu bewahren. Dieser Schriften erinnerte sich seine Urenkelin Barbara, deren Gatte Richard Engler als Multi-Gastronom wirkt und das Kohlmanns eröffnete. Spezialität des Hauses sind die Feuerkuchen (Flammkuchen)

und natürlich die Gerichte des Urgroßvaters. Wurde 2011 vom Publikumspreis »Best of Swiss Gastro« in der Kategorie »Trend« als Sieger ausgezeichnet. Trotz allen Lobes: Beim letzten Besuch war die Wartezeit am Entrée auf die Servicekraft, die den Tisch zuteilt, ein wenig lang.

Steinenberg 14 (Am Barfüsserplatz im Stadtcasino) | Tram: Barfüsserplatz | Tel. 0 61/ 225 93 93 | www.kohlmanns.ch | So–Do 11.30–24, Fr–Sa 11.30–1 Uhr | €€€

22 Restaurant Schlüsselzunft C 4

Historisches Ambiente – Eine wahre Sehenswürdigkeit in dem etwa 700 Jahre alten, ehrwürdigen Haus ist der Kachelofen von 1880: Er zeigt Bilder aus der Basler Geschichte und dokumentiert wichtige Eckdaten der Schweiz, beispielsweise den Eintritt in die Eidgenossenschaft. Serviert werden Spezialitäten der Basler Küche wie »Schnoogeloch-Lümmeli«. Dahinter verbirgt sich ein Rindsfilet mit Foie gras, Morcheln, Markbein und Gemüse. Das Wandgemälde im tageslichthellen Bistro schuf Samuel Buri 1985. Er orientierte sich dabei an einer Vorlage von Tobias Stimmer aus dem 16. Jh. mit Motiven der Auferstehung Christi.

Freie Str. 25 | Tram: Marktplatz | Tel. 0 61/2 61 20 46 | www.schluesselzunft.ch | Mo–Sa 9–23.30, So (außer Juni–Aug.) 11–22 Uhr | €€

23 Safran Zunft C 4

Modern & historisch zugleich – Das eigenen Aussagen zufolge größte Zunfthaus Basels präsentiert sich in neuem »alten« Ambiente: Moderne

Die zehn Skulpturen im Tinguely-Brunnen (▶ MERIAN TopTen, S. 64) wurden aus Metallteilen konstruiert, die von der Bühnenausstattung des ehemaligen Stadttheaters stammen.

Technik verbirgt sich hinter historischem Gewand, Geschirr und Gewichte aus der beinahe 700 Jahre alten Geschichte der Safran Zunft, einer Gilde von Gewürzhändlern und Krämern, dekorieren die Räume. Spezialität ist das Fondue Bacchus auf Basis einer Roséwein-Bouillon, in der Kalbfleisch auf Holzspießen gegart wird. Sympathisch: Pächter Hans-Peter Fontana hat eine Charta der Nachhaltigkeit unterzeichnet, in der er begründet, warum er nur Lieferanten verpflichtet, die mitnachhaltig und naturnah produzierten Nahrungsmittel handeln. Deswegen verzichtet die Safran Zunft z. B. auch auf Gerichte mit Thunfisch oder vietnamesischen Pangasius, da sie entweder von der Ausrottung bedroht oder unter unwürdigen Bedingungen gezüchtet werden.
Gerbergasse 11 | Tram: Marktplatz | Tel. 0 61/2 69 94 94 | www.safran-zunft.ch | Mo–Sa 11–24 Uhr | €€

24 Walliserkanne C4
Rustikal auf hohem Niveau – Zum Apéro lädt die Gaststube mit Bar im Erdgeschoss, zu Spezialitäten aus dem Wallis das Restaurant im ersten Stock: z.B. Walliser Schweinsbratwurst an Zwiebelsauce mit Rösti oder Walliser Teller mit Trockenfleisch, Bergkäse, Speck und Hauswurst. Nicht zu vergessen das Käsefondue »du Patron« mit Steinpilzen oder das Champagnerfondue. Das Wiener Schnitzel wird am Tisch zubereitet, das Entrecôte kann sich der Gast nach eigenen Wünschen braten. Kaum zu glauben, dass die bürgerlich-rustikale Einrichtung noch von 1942 stammt. Die Beleuchtung schafft eine gemütliche Atmosphäre.
Gerbergasse 50 | Tram: Barfüsserplatz | Tel. 0 61/2 61 70 17 | www.walliserkanne-basel.ch | Mo–Sa 11.30–24 Uhr | €€€

25 Zum Braunen Mutz C4
Traditionsreich – Der braune Bär (»Mutz«) brummt schon seit mehr als 90 Jahren am Barfüsserplatz und ist eine echte Basler Institution. Hier treffen Rentner auf Studenten und Honorationen auf Touristen. Kein Wunder, dass die Nachfolge des Pächterpaares Rickhoff im Jahr 2010 monatelang für Gesprächsstoff sorgte. Den Zuschlag bekam schließlich ein Gastro-Großunternehmen, das auch das Kunsthallenrestaurant (▶ S. 41) betreibt. Es gelobte, aufwendig zu renovieren, aber nicht am Konzept zu rütteln. Die Brasserie im Erdgeschoss bleibt rustikal mit Holztäfelung und schwerem Eichenparkett. Sogar die alten Gemälde schmücken wieder die Wände, und die Küche verheißt gutbürgerliche Schweizer Kost. Neu ist eine Bar in den Mutzenstuben, an der hauptsächlich Schweizer Bier ausgeschenkt wird. Wiedereröffnet wurde die Bierhalle im Frühjahr 2011, die Brasserie im ersten Stock folgte aber erst einige Monate später. Auch dort bleibt die Strategie erhalten und wendet sich in »Ambiente und Angebot an die Erwartungen eines anspruchsvollen Publikums«.
Barfüsserplatz 10 | Tram: Barfüsserplatz | Tel. 0 61/2 61 33 69 | www.braunermutz.ch | Bierhalle: Mo–Do 8–24, Fr, Sa 8–1, So 10–24 Uhr, Brasserie: tgl. 11.30–14, 18–22 Uhr | €€

26 Zum Isaak
Modern und programmatisch – Hier legt man Wert auf modernes Ambien-

Altstadt Grossbasel | 69

Die Schalterhalle einer Bank beherbergt heute das Unternehmen Mitte (▶ S. 70): ein Hotspot, zu dem auch die Bar »fumare non fumare« gehört.

te, überflüssiger Schnickschnack hat in diesem Restaurant nichts verloren – dafür moderne Kunst an den Wänden. Sehr schön: die Außenplätze mit Münsteransicht, noch schöner: der Hinterhof mit Blick auf das benachbarte Gymnasium. Leider wird man draußen vom Service schon mal vernachlässigt. Der Name erinnert übrigens an Isaak Iselin, Gründer der »Gesellschaft für das Gute und Gemeinnützige Basel« (GGG), ein mittlerweile 3000 Personen starker Verein, der z. B. die Stadtbibliothek betreibt sowie ein Zentrum für Freiwilligenarbeit, eine Zimmerbörse für Studierende oder die Alzheimervereinigung unterstützt. Isaak Iselin (1728–1782) lebte mit seiner Familie im Haus Münsterplatz 16.

Münsterplatz 16 | Tram: Kunstmuseum | Tel. 0 61/2 61 47 12 | www.zum-isaak.ch | tgl. 11–23.30 Uhr | €€

27 Zur Harmonie ▶ S. 28

CAFÉS
28 Café Schmiedenhof C 4

In der Passage Gerbergasse 24 findet sich das Café Schmiedenhof in einem schönen, ruhigen Innenhof, dessen Atmosphäre nach langen Märschen durch Museen oder Geschäfte wohltuend entspannend wirkt. Kleine Gerichte, natürlich auch »Rösti«, sorgen für eine gedeihliche Zwischenmahlzeit. Nur im Sommer empfehlenswert zum Draußensitzen, innen wirkt alles ein wenig altbacken.

Im Schmiedenhof 10 (Rümelinsplatz) | Tram: Marktplatz | Tel. 0 61/2 61 29 29 | www.schmiedenhof.ch | Mo–Sa 7–22 Uhr

29 Confiserie Tea Room Schiesser C4

1870 gegründet, befindet sich die berühmte Basler Confiserie seit der vierten Generation in der Hand der Familie Schiesser. Das Café im ersten Stock erlaubt einen herrlichen Blick auf das rote Rathaus. Verführerische Auswahl an Pralinen. Einen Versuch wert sind die »Kirschstängeli«, Baiser (Schokolade und Eiweiß gebacken) und das Apérogebäck. Übrigens: Schiesser hält sich an das alte Schokoladengesetz, das für die Zubereitung Kakaobutter statt Pflanzenfette vorsieht.

Marktplatz 19 | Tram: Marktplatz | Tel. 0 61/2 61 60 77 | www.confiserie-schiesser.ch | Mo–Fr 8–18.30, Sa 8–17 Uhr

30 Grand Café Huguenin C4

Am Tram-Knotenpunkt Barfüsserplatz neben dem Historischen Museum dient das Grand Café auf zwei Etagen als Anlaufstelle für Kulturinteressierte. Es war lange Zeit Schauplatz der Sitcom »Café Bâle«, die am Sonntagabend auf SF 2 lief. Viele Plätze zum Draußensitzen, im ersten Stock hat man eine tolle Sicht auf das wuselige Leben auf dem »Barfi«.

Barfüsserplatz 6 | Tram: Barfüsserplatz | Tel. 0 61/2 72 05 50 | So–Mi 7–20, Do–Sa 7–1 Uhr

BARS

31 Rio-Bar C4

Eine Bar im American Style, illuminiert mit Neonröhren-Schriftzügen, lang, schmal, gerade mal Platz für acht Tische: Hier landete schon manche »Bar Fly« mit der Gewissheit, dass die nächste Tram nicht die letzte sein wird, die nach Hause führt.

Barfüsserplatz 12 | Tram: Barfüsserplatz | Tel. 0 61/2 61 34 72 | Mo–Do 9–1, Fr, Sa 9–2 Uhr

32 Unternehmen Mitte C4

Entstanden 1999 im Schalterraum der Schweizerischen Volksbank, verleiht die Location, die bis auf die gastronomische Einrichtung nahezu unverändert blieb, Basel einen Hauch von Mailand. Die Macher des Mitte setzen auf italienisches Flair. Ihr Konzept: Chillout-Atmosphäre in der Säulenhalle, kein Konsumzwang, drahtloses Internet für alle, viele Veranstaltungen (Tango, Kyodo, Yoga) und die beiden Bars fumare non fumare (für Raucher und Nichtraucher) mit Außenplätzen. Auch abends total angesagt. Tipp: In der Cantina Primo Piano im ersten Stock bietet ein italienisches Ehepaar jeden Werktag von 12 bis 14 Uhr ein Gericht zu einem für Basler Verhältnisse kaum zu schlagenden Preis. Übrigens: Cola gibt es im Mitte nicht, dafür »Chinotto«, eine Bitterorangenlimonade – italienisch eben.

Gerbergasse 30 | Tram: Marktplatz | Tel. 0 61/2 63 36 63 | www.mitte.ch | Mo–Do 8–1, Fr 8–2, Sa 9–2, So 10–24 Uhr

Altstadt Grossbasel | 71

Es gibt zwar nur acht Tische in der Rio Bar (▶ S. 70), die aber immer gut besetzt sind. Schön, dass man im Sommer auch noch draußen sitzen kann.

EINKAUFEN
KULINARISCHES
33 Basler Brotmarkt ▶ S. 37

34 Glausi's Käsespezialitäten B 4
Der kleine Laden oberhalb des Marktplatzes existiert seit mehr als 50 Jahren. Er konzentriert sich auf Schweizer Hart- und französischen Weichkäse. Diese Reduktion erlaubt aber immer noch eine Auswahl von rund 300 verschiedenen Typen. Beeindruckendes Sortiment an Alp- und Bergkäsesorten sowie mehr als 60 Schafs- und Ziegenkäsespezialitäten; eigens hergestellte Käsefonduemischung in unterschiedlichen Schärfen.
Spalenberg 12 | Tram: Marktplatz

35 Herbarium C 4
Das Pharmazie-Historische Museum Basel (▶ S. 115) verbindet das Historische mit dem Praktischen: Ausgestattet mit Jahrhunderte altem Werkzeug und dem Wissen von Generationen verkauft der hauseigene Kräuterladen Herbarium (vom lateinischen »herba« = Kraut) Gewürze, Teesorten und sogenannte Färberdrogen wie z. B. Henna … nein, nicht aus eigener Produktion,

sondern von »diversen Lieferanten«. Schade eigentlich, auch wenn die Partnerunternehmen »die Kräuter und Gewürze fachgerecht geerntet, getrocknet und gelagert« haben. Das ist das Mindeste, was man erwarten durfte. Aber seien wir nicht gemein: Hier gibt es Wegwartewurzel und Spitzwegerich, Augentrost und Estragon – etwa 130 Kräuter und Gewürze inklusive Drogen und Teesorten.
Totengässlein 3 | Tram: Marktplatz | www.pharmaziemuseum.ch | Di–Fr 10–18, Sa 10–17 Uhr

㊱ Läckerli-Huus ▶ S. 37

㊲ Teehuus C 4
Die London Tea Company Ltd. ist das älteste und größte Teehandelshaus der Schweiz – und trotz des englischen Namens ein urschweizer Unternehmen. Gegründet wurde es 1896 in London von zwei Schweizern und fünf Briten. Schon zwei Monate später wurde eine Filiale in Basel eröffnet, seit 1915 sind die Schweizer selbstständig. Der Hauptsitz liegt mittlerweile in Münchenstein vor den Toren der Stadt. Hier lagern die importierten Sorten, hier verkosten die Tester die Teeproben aus den Anbaugebieten. Der Laden im Spalenberg führt Oolong-Raritäten, Weißtee- und Rotteespezialitäten und selbstverständlich Grün- und Schwarztee und alle anderen bekannten Sorten. Für Liebhaber des Heißgetränks gibt es noch allerlei Zubehör wie etwa Schalen, Wasserkocher, Siebe oder Tropfenfänger – nahezu alles, was Teegenuss zum Ritual macht.
Spalenberg 10 | Tram: Marktplatz | www.london-tea.ch

MODE
㊳ Boutique zur Passage B 4
Kleiner Modeladen an der Ecke zum Heuberg, der sich auf ein besonderes Klientel spezialisiert hat: Damen mit Größen 42 plus.
Spalenberg 49 | Tram: Marktplatz | Di 10–17.30, Sa 10–16 Uhr

㊴ Daniela Spillmann Moden ▶ S. 38
㊵ Globus ▶ S. 38
㊶ Raphael Blechschmidt ▶ S. 38

㊷ Roosens Knöpfe C 4
Steinnuss, Kokos, Muschel, Horn und Bein, Stoff und Glas und selbstverständlich Kunststoff – bei Roosens findet jedes Loch einen Knopf. Rund 8000 verschiedene Exemplare bietet der Laden an, alle fein säuberlich sortiert. Der günstigste kostet 50 Rappen, der teuerste – aus Opal – etwa 500 SFr. Wer sich in einen Knopf verliebt, aber nicht weiß, wo er ihn annähen soll, kann sich die entsprechenden Accessoires aus farblich passendem Material gleich mitnehmen. Montags geschlossen.
Grünpfahlgasse 8 | Tram: Marktplatz | www.roosens-shop.ch

WOHNEN UND DEKORATION
㊸ Johann Wanner Weihnachtshaus ▶ S. 39

㊹ Seven Sisters B 4
Gebrauchsartikel, Wohnaccessoires, Nützliches und Unnützes – auf jeden Fall aber immer schön anzusehen. Seven Sisters bietet ausgefallene Designartikel, die häufig Hingucker sind – wie etwa die orangefarbene Polyethylen-Koralle für den Schreibtisch, in die

man seine Stifte stecken kann. Daneben führt der Shop Artikel von Keith Haring aus dem New Yorker Pop Shop.
Spalenberg 38 | Tram: Marktplatz | www.sevensisters.ch

KULTUR UND UNTERHALTUNG

CLUBS UND DISKOTHEKEN
45 The Bird's Eye ▶ S. 42

KINO
46 kult.kino club C 4

Dieses Programmkino, das mit drei Spielstätten aufwartet, wird Cineasten begeistern. Motto ist das Wortspiel »Brainstream statt Mainstream«. Sogar mittags wird ein Film gezeigt. Montag und Dienstag sind Kinotage, die die Kinogänger mit ermäßigtem Eintritt locken. Viele Filme werden im Original mit Untertiteln vorgeführt.
Marktplatz 34 | Tram: Marktplatz | www.kultkino.ch

OPER UND THEATER
47 Fauteuil B 4

Es gilt als das erste Kleintheater der Schweiz und hat zwei Bühnen: Das Fauteuil bietet 221 Zuschauern Platz, das Neue Tabourettli fasst 180 Gäste. Letzteres baute 1989 übrigens der spanische Architekt Santiago Calatrava. Seine Stahl-Glas-Konstruktion im denkmalgeschützten Spalenhof ist allein bereits eine Attraktion. Die Liste der Künstler, die im Fauteuil auftraten, liest sich wie ein »Who is who?« der Kleinkunstszene: Emil, Dieter Hildebrandt, Georg Kreisler, Django Asül und viele mehr.
Spalenberg 12 | Tram: Marktplatz | www.fauteuil.ch

Die Kleinkunstbühne Fauteuil (▶ S. 73) zählt zu den ersten Adressen in Sachen gute Unterhaltung: Im Bild Clown Dimitri mit seinem Soloprogramm »Teatro«.

VORSTÄDTE UND AM RING

Die Terminologie der Basler Stadtteile ist für Fremde nicht immer eindeutig: Grundsätzlich heißt ein Stadtteil hier Quartier. Das ist noch einfach. Doch was ist gemeint, wenn von Grossbasel, Altstadt und Vorstädten die Rede ist?

Wenn ein Basler von Grossbasel spricht, kann er einerseits den kompletten Bereich der Stadt westlich des Rheins miteinbeziehen. Er kann andrerseits auch lediglich jenen kleinen Altstadtkern meinen, der offiziell Altstadt Grossbasel heißt – in einem normalen Gespräch aber der Einfachheit halber abgekürzt wird. »Altstadt Grossbasel« ist der mittelalterliche Stadtkern innerhalb der Stadtmauern. Das Spalentor, eines der schönsten Stadttore der Schweiz, war Bestandteil des Walls, der Basel vor feindlichen Truppen schützte. Die Straßen, die zu ihm führen, heißen Schützengraben oder Spalengraben, und die Namensgebung verrät, wo diese Mauer früher verlaufen ist. Folgerichtig heißt das Viertel innerhalb der einstigen Mauer »Altstadt Grossbasel« und jene Quartiere, die später hinzugekommen sind, »Vorstädte« oder »Am Ring«, weil sie sich wie ein Gürtel um bzw. »vor« die Altstadt spannten.

◀ Das malerische Spalentor (▶ S. 76), eines der drei noch bestehenden Stadttore Basels.

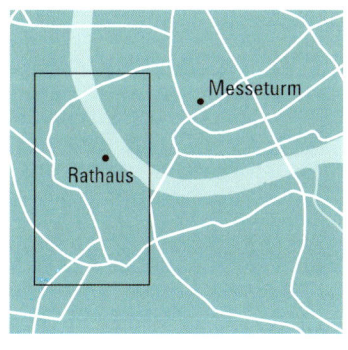

Das große Erdbeben von 1356, das bis heute als das stärkste in Mitteleuropa gilt, zwang die Einwohner, Teile ihrer Stadt neu aufzubauen. Die Stadtmauer wurde erweitert und schützte nun auch die Vorstädte. Ende des 19. Jh. schleiften die Basler ihren Wall, um Platz für die Stadterweiterung zu gewinnen.

Im Quartier Am Ring, erst zwischen 1871 und 1900 bebaut, zeugen große Häuser mit ausgedehnten Gärten von der Gründerzeit. Charakteristisch sind aber auch kleinere Reihenhäuser sowie Wohnblocks.

IM AMBIENTE DER GRÜNDERZEIT

Imposante Gebäude sind die Ende der 1920er-Jahre errichtete Markthalle sowie der Bahnhof SBB mit seiner neobarocken Fassade, erbaut zwischen 1905 und 1907. Vorstädte und Am Ring sind begehrte Wohngebieten, weil sie modern in der Bausubstanz sind und nah am Zentrum liegen.

SEHENSWERTES

❶ Botanischer Garten der Universität B 4

Dieser bereits 1589 gegründete Garten bietet auf etwa 7500 qm eine Heimat für 8000 Pflanzen. Neben den Orchideen im Tropenhaus zählt die Amazonas-Seerose zu den Höhepunkten.
Vorstädte | Schönbeinstr. 6 | Tram, Bus: Spalentor | www.botgarten.unibas.ch | Garten: April–Okt. tgl. 8–18, Nov.–März tgl. 8–17 Uhr, Gewächshäuser: tgl. 9–17 Uhr | Eintritt frei

❷ Elisabethenkirche C 5

Diese Offene Kirche sorgt immer wieder für Kontroversen: Es gibt Gottesdienste für Mensch und Tier, Disco-nächte mit DJ im Kirchenschiff, Frauen, die durch Handauflegen heilen – die Kirche versteht sich als Experimentierfeld. Trotzdem wird sie von der traditionellen römisch-katholischen und evangelischen Kirche unterstützt; 20 % der Gelder rekrutieren sich aus Spenden. Die Kirche selbst, erbaut von 1857 bis 1865, gilt als bedeutendstes neugotisches Gotteshaus der Schweiz. Von protestantischer Schmucklosigkeit keine Spur: Finanzier Christoph Merian wollte mit dem Monumentalbau in mittelalterlicher Form »ein Mahnmal gegen den Ungeist der Zeit« setzen.
Vorstädte | Elisabethenstr. 10 | Tram: Kunstmuseum | www.offenekirche.ch | Di–Fr 10–21, Sa 10–18, So 13–18 Uhr

③ Spalentor 🚩 B 4

Von den 40 Stadttoren, die Basel zum Ende des 14. Jh. gemeinsam mit der Stadtmauer errichten ließ, sind nur noch das St. Alban-, das St. Johanns- und das Spalentor stehen geblieben. Der quadratische Hauptturm, 40,3 m hoch, mit den beiden Seitentürmen richtet sich dem Elsass entgegen. Im Mittelalter wurde hier der Warenaustausch mit Frankreich geregelt. Ab Mitte des 19. Jh. wurde es den Baslern in ihrer Stadt zu eng, die Stadtmauer und viele Stadttore wurden geschleift und verschwanden aus dem Stadtbild. Das Spalentor gilt als eines der schönsten Stadttore der gesamten Schweiz.

Vorstädte | Spalentor | Tram, Bus: Spalentor

④ Strassburger Denkmal 🚩 B 5

Das bekannteste Werk von Frédéric-Auguste Bartholdi ist zweifelsohne die Freiheitsstatue in New York, die 1886 eingeweiht wurde. Für Basel schuf der französische Bildhauer 1895 das Strassburger Denkmal beim Bahnhof SBB. Es erinnert an die Hilfe Basels, Berns und Zürichs im Deutsch-Französischen Krieg 1870/71. Als die Deutschen Straßburg belagerten, erreichte eine Schweizer Abordnung in Verhandlungen mit der badischen Regierung, 1400 Frauen, Kinder und alte Menschen aus dem belagerten Straßburg in die Schweiz zu evakuieren. Zum Dank für die Schweizer Hilfe stiftete der französische Baron Hervé de Gruyer das Denkmal. Bartholdi schuf 1895 die Skulptur mit Frauen und Kindern, die von einem Engel beschützt werden.

Vorstädte | Centralbahnplatz | Tram, Bus: Bahnhof SBB

MUSEEN UND GALERIEN

MUSEEN

⑤ Historisches Museum Basel – HMB Museum für Wohnkultur/Haus zum Kirschgarten ▶ S. 112

⑥ Kunsthalle Basel ▶ S. 112

⑦ Schweizerisches Architekturmuseum ▶ S. 116

⑧ Skulpturhalle ▶ S. 116

GALERIEN

⑨ Daniel Blaise Thorens Fine Art Gallery ▶ S. 118

ESSEN UND TRINKEN

RESTAURANTS

⑩ Jay's Indian Restaurant im Ackermannshof 🚩 🚩 B 3

Modern indisch – Wer sich für die Gastro-Szene in Basel interessiert, wird immer wieder auf Astrid und Dominic Lambelet treffen. Beide haben dem Gundeldingerhof (▶ S. 102) ebenso zu exzellentem Ruf verholfen wie dem Rollerhof. Doch jetzt ist Schluss. Das Paar zieht sich zurück, hat aber bereits einen Nachfolger auserwählt: Jayesh Kumar, Inhaber von Jay's Restaurant. Damit zieht die moderne indische Küche in die hellen Räume des Ackermannshofs ein.

Vorstädte | St. Johanns-Vorstadt 21 | Tram, Bus: Johanniterbrücke | Tel. 0 61/2 61 50 22 | www.ackermannshof-restaurant.ch | Di–Fr 11.30–14.30, 17.30–24, Sa 17.30–24 Uhr | €€

⑪ Restaurant Kunsthalle 🚩 C 5

Honorationen-Treff – Die imposanten Wandgemälde (sollen aus dem 19. Jh. stammen) und die warmherzige Atmosphäre der Brasserie (dem »braunen« Teil, auch »Schluuch« genannt) ziehen

Vorstädte und Am Ring | 77

seit mehr als einem Jahrhundert Künstler, Prominente und alteingesessene Basler an. Wer die anspruchsvollere Küche bevorzugt, nimmt im »weißen« Teil Platz und freut sich über ein Chateaubriand garni mit Sauce béarnaise. Im Sommer ist der Biergarten am Tinguely-Brunnen Pflicht, der sich rühmen darf, der zentralste der Stadt zu sein und zu den schönsten Basels zu gehören.
Vorstädte | Steinenberg 7 | Tram: Barfüsserplatz | Tel. 0 61/2 72 42 33 | www.restaurant-kunsthalle.ch | Mo–Sa 11.30–23.30 Uhr | €€ (Schluuch) €€€ (»weißes« Restaurant)

12 Der Teufelhof ▶ S. 24

CAFÉS

13 Café-Bar Elisabethen C5
Ein Café in einer Kirche ist auch in Zeiten fortschreitender Säkularisation etwas Besonderes. Die Café-Bar in der Offenen Kirche Elisabethen wurde auf zwei kleinen Etagen in einem Seitentrakt eingerichtet: kuschelig-entspannte Atmosphäre oben. Allenfalls der Blick in das Veranstaltungsprogramm verrät, dass es sich hier um eine christliche Einrichtung handelt. Bei schönem Wetter kann man auch draußen sitzen.
Vorstädte | Elisabethenstr. 14 | Tram: Barfüsserplatz | Tel. 0 61/2 71 12 25 | www.offenekirche.ch | Di–Fr 7–19, Sa, So 10–18 Uhr

14 Jonny Parker B3
Projekt Parkbelebung ist gelungen: Der neu erbaute Pavillon mit dem voll verglasten Restaurant/Café Jonny Parker macht den St. Johanns-Park wieder zum Anziehungspunkt. Terrasse mit Blick ins Grün und auf den nahen Rhein.
Vorstädte | St.-Johanns-Park 1 | Tram: Mülhauserstrasse | Te. 0 61/3 21 28 37 | www.jonnyparker.ch | So–Do 9–23, Fr, Sa 9–24 Uhr | €€

15 Terrazza Hangout B3
Palmen, Sand und Sonnenstühle: Basels Strandbar ruft beim Restaurant Rhypark an der Dreirosenbrücke. Wenn das Thermometer mindestens 18 °C meldet, sind die neun Lounges geöffnet. Sonntags dürfen die Gäste ihre Würste mitbringen und auf den bereitgestellten Grill legen. Die Küche bietet auch kleine Gerichte.
Vorstädte | Mülhauserstr. 17 | Tram: Mülhauserstrasse | Tel. 0 61/3 22 10 40 | www.restaurantrhypark.ch | Mo–Do 17–22, Fr, Sa 17–23, So 14–22 Uhr

16 Zum Kuss C5
Die kleine Grünanlage zwischen Elisabethenstrasse und Aeschengraben war bis 1872 ein Gottesacker – ein Friedhof. Die Leichenhalle, 1850 im neobarockem Baustil errichtet, steht heute noch. Im ehemaligen »Totehüüsli« werden heute Apéro, Caffè Crema, Bier, Wein und Smoothies ausgeschänkt. Abends bereichern Cocktails die Karte, die Küche bietet mittags und abends wechselnde Menüs und leichte Speisen, auf dem Veranstaltungsplan stehen Vernissagen und Konzerte. Ausgesprochen lässig wird es im Sommer, wenn auf der Terrasse Liegestühle und Sonnenschirme zum Sonnenbaden laden und der Blick in den Park wandern darf.
Vorstädte | Elisabethenstr. 59 | Tram: Kirschgarten | Tel. 0 61/2 71 60 30 | www.zumkuss.ch | Feb.–Dez. Mo–Do, So 8–24, Fr, Sa 10–1, Okt.–März So 8–20 Uhr | €

Vorstädte und Am Ring | 79

Opulente Gemälde an den Wänden und die gediegene Atmosphäre machen auch einen Besuch des Restaurants Kunsthalle (▶ S. 76) zum (Kunst-)Genuss.

BARS
⓱ **Cargobar** ▶ S. 28

EINKAUFEN
KULINARISCHES
⓲ **Confiserie Beschle**
Stadtbekannt ist die Confiserie Beschle, die seit 1898 existiert. Der Ruf ihrer Spezialitäten geht allerdings weit über Basel hinaus, beliebt ist z. B. der berühmte »Beschle-Ring«, eine karamellisierte Biskuit-Torte, oder der »Gâteau St-Honoré«, eine karamellisierte Creme, sowie das »Pain des Seigles«, ein raffiniert gefülltes Brot.

– Vorstädte | Holbeinstr. 49 |
Tram: Holbeinstrasse B 5
– Am Ring | Aeschenvorstadt 56 |
Tram, Bus: Aeschenplatz C 5

⓳ **Läckerli-Huus** ▶ S. 37

⓴ **Markthalle** C 5
Der markante Bau mit der Achteckkuppel von 1929 verkam zuletzt zum Gemischtwarenladen mit Computerläden und Billig-Boutiquen. Jetzt wurde das Konzept überarbeitet: Verweilen und Genießen könnte das Motto heißen. Es gibt nur noch Händler, die mit

Essen und Trinken zu tun haben: Demeter-Bauern, Take-Away-Stände, Bäcker, Gastronomen …
Am Ring | Steinentorberg 20 | www.altemarkthalle.ch | Mo–Mi, Fr, Sa 7.30–21, Do 7.30–22 Uhr, So Sonderveranstaltungen | www.sonntagsmarkthalle.ch

MODE
㉑ Emporio Armani　　　　　C 5
Vorzustellen braucht man den italienischen Modezar wohl kaum. Seine Filiale in der Aeschenvorstadt bietet feine Stoffe auf zwei Etagen an.
Am Ring | Aeschenvorstadt 55 | Tram: Bankverein

KULTUR UND UNTERHALTUNG
CLUBS UND DISKOTHEKEN
㉒ Atlantis　　　　　C 5
Das Atlantis hat eine illustre Geschichte hinter sich: Café mit Aquarien und Terrarien, Theater, Jazzclub, Rockschuppen – heute ist es Restaurant und Club mit Livemusik. Mittags essen hier die Angestellten der nahe gelegenen Büros, abends liest beispielsweise der Schriftsteller Benjamin von Stuckrad-Barre, legen DJs auf oder gehört Comedians die Bühne. House, Soul, R&B und Oldies geben am Freitag und Samstag ab 23 Uhr den Ton an.
Vorstädte | Klosterberg 13 | Tram: Bankverein | www.atlantis.ch | Di–Do 11.30–14 und 17–24, Fr 11.30–14 und 17–23, Sa 18–23, Clubnights Fr, Sa 23–4 Uhr

㉓ Balz Klub 　　　　　C 5
Feier, Tanzen, Party machen: Der Balz ist der neueste Spross der hiesigen Partyszene und versteht sich als »Scharnier zwischen Barkultur und Clubbetrieb«.
Vorstädte | Steinenbachgässlein 34 | Bus: Steinenschanze | www.balzklub.ch | Mo–Mi 18–1, Do–Sa 18–5 Uhr

㉔ Campari Bar ▶ S. 41
㉕ Garage　　　　　B 5
Elektro, Funk, French House! Basels atmosphärischste Garage lockt in das Nachtigallenwäldeli zwischen Heuwaage und »Zolli« (Zoo) und komplettiert das Bermuda-Dreieck des hiesigen Nachtlebens. Wem das Programm nicht gefällt, wechselt in die Kuppel oder die Osteria Acqua, beide nur einen Steinwurf entfernt.
Am Ring | Binningerstr. 14 | Tram: Heuwaage | www.garagebasel.com | Do ab 22, Fr, Sa ab 23 Uhr

㉖ Kuppel　　　　　B 5
Zwischen Heuwaage und »Zolli« (Zoo) liegt eine der angesagten Szene-Landschaften Basels. Die Kuppel ist eine faszinierend-kleine kokonähnliche Zeltkonstruktion mit Bühne und zwei Bars: HipHop, Alternative, Soul, Dance – und dienstags Salsa und Merengue. Um die Ecke liegen die Baracca Zermatt (Nov.–März), ein Holzpavillon mit Spezialitäten aus dem Wallis, und die Osteria Acqua, ein stilvolles Restaurant-Café (und zugleich Lounge).
Am Ring | Binningerstr. 14 | Tram: Heuwaage | www.kuppel.ch | Di 21–2.30, Do bis 23, Fr, Sa 22–4 Uhr

KINO
㉗ kult.kino　　　　　C 5
Auch in den Vorstädten gibt es eine Filiale dieses Programmkinos, das insgesamt mit drei Spielstätten aufwartet. Motto ist – wie in den anderen Filialia-

len – auch hier das Wortspiel »Brainstream statt Mainstream«.

Vorstädte | Theaterstr. 7 | Tram: Barfüsserplatz | Tel. 0 61/2 72 87 81 (Reservierung) | www.kultkino.ch

THEATER

28 Basler Kindertheater 🚸 B 4

Diese Bühne, gegründet von Olivia und Horst Lang, existiert bereits seit 1970 und war nach Amsterdam das zweite Haus dieser Art in Europa. Kindertheater bedeutet: Kinder von sechs bis 16 Jahren spielen für Kinder. Aufgeführt werden Stücke, die die Macher oder die Kinder selbst entwickelt haben. Dreimal in der Woche gibt's Theater.

Vorstädte | Schützengraben 9 | Tram, Bus: Universität | www.baslerkindertheater.ch | Mi, Sa, So | Eintritt 14 SFr., Kinder 12 SFr.

29 Theater Basel ▶ S. 43

30 Theater im Teufelhof B 4

Chansons, Kabarett, Literatur: Das Theater im Teufelhof ist neben Hotel, Restaurant und Weinladen ein weiteres Angebot des Hauses und steht für einfallsreiche Unterhaltung mit Kabarett, Lesungen, Mundartchansons, natürlich Theater und sogar Musicals (»für *eine* Schauspielerin«). Die Aufführungen finden stets um 20.30 Uhr statt, da die Geschäftsführung Premium-Kunden eine Kombination Theater plus Menü anbietet: drei oder vier Gänge plus Eintritt im hauseigenen Restaurant-Atelier oder Gourmet-Restaurant Bel Etage ab 99 SFr.

Vorstädte | Leonhardsgraben 49 | Tram: Musik-Akademie | www.teufelhof.com

Unter der Kuppel (▶ S. 80): Die Zelt-Disco mit Bühne und zwei Bars schafft eine einmalige, intime Atmosphäre für DJs, Live-Acts und Szenegänger.

ST. ALBAN UND BREITE

Östlich der Grossbasler Innenstadt beginnt das vielleicht charmanteste Viertel: mit Platanenallee an der Rheinpromenade und romantischem Kanal zwischen altem Fachwerk – ein Flanierquartier, das entdeckt werden will.

St. Alban-Tal! Ein Tal in Basel? Klingt abwegig, ist jedoch realistisch, wenn man bedenkt, dass die Pfalz, auf der das Münster errichtet wurde, 270 m über dem Meeresspiegel liegt. Bergab geht es jenseits des St. Alban-Grabens in Grossbasel, wo heute der Verkehr von und zur Wettsteinbrücke verläuft. Die Ausläufer der Vorstädte treffen südlich auf das Breitequartier und am Rheinufer ins St. Alban-Tal mit hübscher Platanenallee an der Promenade. Das »Dalbeloch«, wie die Einheimischen das St. Alban-Tal nennen, ist für viele das romantischste Viertel der Stadt. Am St. Alban-Rheinweg legt die St. Alban-Fähre an, die zum Kleinbasler Ufer übersetzt, weiter östlich wandelt sich das Tal in Ufernähe in eine Baumallee mit Parkbänken zum Ausruhen und Verweilen. In unmittelbarer Nähe erinnern die teilweise rekonstruierte ehemalige Stadtmauer und zwei ihrer Wehrtürme an das Mittelalter.

◀ Der Brunnen in der St. Alban-Vorstadt lädt im Sommer zum Baden (▶ S. 62) ein.

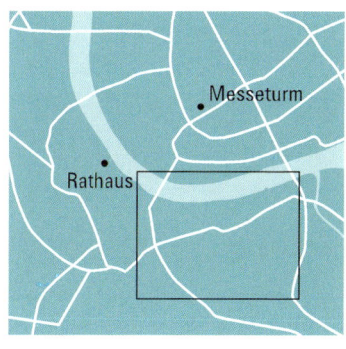

Die St. Alban-Kirche war früher Bestandteil eines Klosters, das beim Erdbeben von 1356 fast völlig zerstört und danach wieder aufgebaut wurde. Ab dem 12. Jh. betrieben die Mönche Mühlen und legten zu diesem Zweck einen Kanal an, den St. Alban-Teich. Noch heute wird die Wasserkraft produktiv genutzt und treibt eine der mittelalterlichen Maschinen an, mit der das Ausstellungshaus Basler Papiermühle ihre Produkte schöpft.

WASSERKRAFT UND FACHWERKHÄUSER

Es lohnt sich, hinter dem Museum für Papier, Schrift und Druck in den Gassen zu flanieren und zu entdecken, wie das Wasser – das sich übrigens aus der Birs, nicht aus dem Rhein speist – durch die engen Kanäle zwischen Fachwerkhäusern fließt. Wohl deswegen ließ sich ein Werbetexter zur Übertreibung »St. Alban-Tal – Klein-Venedig von Basel« verleiten.

SEHENSWERTES

❶ Letzimauer　　　　　　D5

Mit einer »Letzimauer« ist ein mittelalterlicher Verteidigungsring gemeint. In Basel sind in St. Alban am Rhein die letzten – teilweise rekonstruierten – 100 m der Äusseren Stadtmauer mit Wehrgang zu sehen. 1362 begann der Bau der Stadtfeste, 37 Jahre später wurde das 4,1 km lange Bollwerk beendet. Basel trug damit seinem schnellen Wachstum Rechnung und integrierte die Vorstädte in den Befestigungsring. Sieben Stadttore kontrollierten den Durchlass, drei – Spalentor, St. Johanns-Tor und St. Alban-Tor – existieren noch.
St. Alban | Mühlegraben | Tram: St. Alban-Tor

❷ Letziturm　　　　　　D5

Wenn die Äussere Stadtmauer die Letzimauer ist, dann ist ein Turm dieses Walls nichts Geringeres als ... ein Letziturm. Allerdings ist der Letziturm genau genommen kein Letziturm – denn dann müsste er im Stil der Gotik erbaut worden sein. Der Letziturm stammt nämlich nicht aus dem 14. Jh., sondern wurde 1676 im barocken Stil errichtet. Den ursprünglichen Turm schleiften die Basler 1863, als sie die Äussere Stadtmauer dem Erdboden gleich machten. Der daneben stehende Turm von 1676 wurde daraufhin zum »Letziturm« – und blieb es auch, als 1979 der gotische Bergfried rekonstruiert wurde. Er kann nicht bestiegen werden.

St. Alban | Mühlegraben | Tram: St. Alban-Tor

❸ St. Alban-Tor D 5
Das St. Alban-Tor ist eines von drei noch existierenden Stadttoren der mittelalterlichen Wehrmauer. Stadtmauer und Graben reichten von hier bis zum Rhein hinunter. 1230 wurde es erstmals erwähnt, nach dem Erdbeben von 1356 teilweise zerstört und bis 1374 wieder neu aufgebaut. Original ist nur noch das Erdgeschoss geblieben, der Rest des 31 m hohen Turms wurde in den Jahrhunderten immer wieder umgebaut. Die Mauern sind zur Stadt hin 95 cm dick, nach außen 165 cm. Im Glockenstuhl hängen drei Glocken. Heute dient das historische Gebäude der Fasnachts-Clique »Spezi« als Stammlokal und als Übungsraum der Pfeifer und Trommler.

St. Alban | St. Alban-Rheinweg | Tram: St. Alban-Tor

St. Jakob-Park E 6
Auf den FC Basel sind nicht nur Fußballfans stolz, der Verein ist der Liebling aller Bürger. Beheimatet sind die Kicker im St. Jakob-Park, liebevoll »Joggeli« genannt. Der Grundstein für das Stadion wurde 1999 gelegt. Als Architekten profilierten sich Jacques Herzog und Pierre de Meuron, deren Konstruktion sie für höhere Aufgaben qualifizierte: 2005 bauten sie die Allianz Arena in München, und das Olympia-Stadion in Peking für die Spiele 2008 wurde ebenfalls von ihnen entworfen. Die optische Nähe der Münchner Allianz Arena zum »Joggeli« ist frappant: Beide Stadien haben – auch wenn die Materialien durchaus verschieden sind – eine ähnliche Fassade, deren Elemente an die Waben eines Bienenstocks erinnern. Die Arena bietet 42 500 Zuschauern Platz, sie war übrigens während der Fußball-EM 2008 Schauplatz für sechs Spiele, darunter das Eröffnungsmatch.

St. Alban | St. Jakobs-Str. 395 | Tram, Bus: St. Jakob | www.baselunited.ch | Führungen (75 Min./150 SFr. pauschal) unter Tel. 0 61/3 75 12 22 vereinbaren

MUSEEN
❹ **Basler Papiermühle** ▶ S. 108
❺ **Cartoonmuseum Basel** ▶ S. 108
❻ **Kunstmuseum Basel** ▶ S. 112
❼ **Museum für Gegenwartskunst** ▶ S. 112

ESSEN UND TRINKEN
RESTAURANTS

❽ Ramsteiner Hof D 4
Asiatische Küche – Der Name täuscht darüber hinweg, dass der Ramsteiner Hof ein thailändisches Restaurant ist, das Wert auf authentische asiatische Küche legt. Und die kann sehr scharf sein. Deshalb sollten Gäste mit diesbezüglichen Empfindlichkeiten beim Service nachfragen, die Karte verrät es nur bei drei oder vier Gerichten. Apropos: Weit über 100 Gerichte bietet letztere an, und man fragt sich fast zwangsläufig, wie marktfrisch die Zutaten sind. Zumindest die Frühlingsrolle wird täglich frisch zubereitet, auch im Sommer, Herbst und Winter. Holz vertäfelte Wände, rot behusste Stühle an weiß gedeckten Tischen, vergoldete Statuen und Bilder mit dem thailändischen Königspaar (sind es Bhumibol und Sirikit?) sorgen dafür, dass keine bösen Geister hier hausen. 65 Plätze

innen und 65 Plätze draußen – nur der St. Alban-Rheinweg liegt zwischen der Terrasse und dem großen Fluss.
Breite | St. Alban-Rheinweg 188 | Tram, Bus: Breite | Tel. 0 61/3 13 13 50 | www.ramsteinerhof.com | So–Fr 11.30–15, 18–23, Sa 18–23 Uhr | €€

9 St. Alban-Eck D 5

Heimelige Atmosphäre – Seit 1994 lädt Charlotte Bleile in ihr Stübli, das sich in der Zeit einen guten Ruf erworben und sich von der klassischen Quartierbeiz zum Restaurant mit Anspruch entwickelt hat, das dem Michelin eine Erwähnung Wert war. Holzgetäfelte Wände, weiß gedeckte Tische und der Fliesenboden vermitteln eine traditionelle, gehobene Gemütlichkeit, die der Jahreszeit entsprechend immer wieder neu geschmückt wird. Im Sommer wird es im begrünten »Gartenhöfli« zwischen den Fassaden der Altstadthäuser richtig gemütlich. Die Küche bietet eine Auswahl an regionalen und französischen Gerichten.
St. Alban | St. Alban-Vorstadt 74 | Tram: Kunstmuseum, St. Alban-Tor | Tel. 0 61/2 72 54 15 | www.st-alban-stuebli.ch | Mo–Fr 11.30–15, 18–24 Uhr | €€€

10 Veronica D 4

Blick aufs Wasser – Stimmungsvolle Sommerabende verheißt Veronica im Rhybadhysli nahe der St. Albanbrücke: Auf einer Plattform über dem Rhein schweift der Blick über die Ufer oder folgt den Booten auf dem Fluss. Die Gastronomie versorgt nicht nur die Besucher der Badeanstalt, sondern sowohl mittags als auch abends ab 19 Uhr Gäste, die neben schöner Atmosphäre nicht auf gepflegte Getränke und schmackhafte Gerichte verzichten wollen.

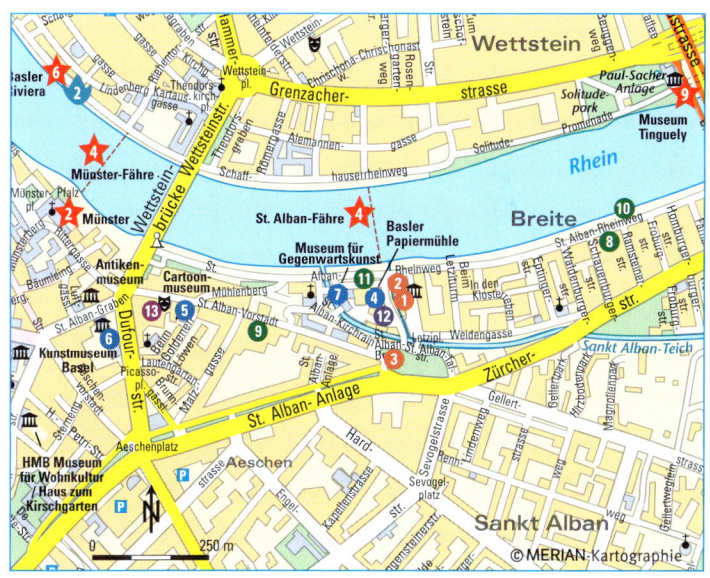

⏱ Im Sommer lässt sich auf der Terrasse der Sonnenuntergang über dem Münster genießen. Und zuvor kann man eine Etage tiefer im Rheinbad-Breite in den Fluss springen.
Breite | St. Alban-Rheinweg 195 | Tram, Bus: Breite | Tel. 0 61/3 11 25 75 | www.msveronica.ch | Mai–Mitte Sept. tgl. 11–24 Uhr | €€

⑪ Zum Goldenen Sternen D4

Bürgerliche Raffinesse – Der Stern weist eine bewegte Geschichte auf: Im 14. Jh. erstmals erwähnt, als Wirtshaus seit 1412 die älteste Schenke Basels, beschloss die Stadt in den 1960er-Jahren, das gotische Gasthaus Stein für Stein an den Rhein zu versetzen, um den Straßenausbau der Aeschenvorstadt zu ermöglichen. Dank dieser weisen Maßnahmen sind die Holzkassettendecke aus dem 17. Jh., Fragmente gotischer Wandmalereien und historische Gemälde noch heute erhalten. Die Küche präsentiert sich mit ausgewählten Fisch- und Fleischgerichten. Genießer wählen die mehrgängigen Tagesmenüs oder à la Carte.
St. Alban | St. Alban-Rheinweg 70 | Tram: Kunstmuseum, St. Alban-Tor | Tel. 0 61/2 72 16 66 | www.sternen-basel.ch | Mo–Fr 11–14 und 18–23.30, Sa 11–23.30, So 11–22 Uhr | €€€

EINKAUFEN

⑫ Museumsladen Basler Papiermühle D4

Er ist schon etwas Besonderes, der Laden zur Basler Papiermühle, und spricht bestimmt nicht jedermann an. Wer sich allerdings für Bücher, Kalligrafie und außergewöhnliche Dinge wie Siegellacke oder Sternzeichenstempel interessiert, ist hier am richtigen Platz. Danach kann man noch eine genüssliche Verschnaufpause im Café Papiermühle einlegen.
St. Alban | St. Alban-Tal 37 | Tram: Kunstmuseum | Tel. 0 61/2 25 90 90 | www.papiermuseum.ch | Di–Fr, So 11–17, Sa 13–17 Uhr

St. Jakob-Park E6

Das große Shopping Center, das vom Drogeriemarkt über den Schreibwarenladen bis zur Boutique eine weite Palette an Waren- und Dienstleistungen für den täglichen Gebrauch bietet, ist ins »Joggeli«, das Fußballstadion des FC Basel, integriert, so kann der Kunde, wenn er durch den Haupteingang das Untergeschoss betritt, unter der Spielfläche von Laden zu Laden flanieren. Restaurants und Cafés zum Verweilen gibt es hier natürlich auch.
St. Alban | St. Jakobs-Str. 397 | Tram: St. Jakob | www.sjp.ch

KULTUR UND UNTERHALTUNG

⑬ Vorstadt-Theater C4

Das Theater, früher unter dem Namen »Spilkischte« bekannt, existiert seit 1974. Das Hausensemble spielt Eigenproduktionen und tourt mit diesen durch die deutschsprachige Bühnenlandschaft oder tritt bei Festivals im In- und Ausland auf. Wenn die Truppe unterwegs ist, dienen die Bretter, die die Welt bedeuten, anderen Ensembles. Das Haus präsentiert sehr viele Produktionen, die auch für Kinder geeignet sind, teilweise schon empfohlen ab einem Alter von fünf Jahren.
St. Alban | St. Alban-Vorstadt 12 | Tram: Kunstmuseum | Tel. 0 61/2 72 23 43 | www.vorstadttheaterbasel.ch

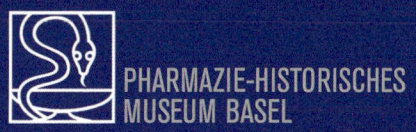
PHARMAZIE-HISTORISCHES MUSEUM BASEL

Das Pharmazie-Historische Museum der Universität Basel

Versteckt in Basels Hinterhöfen befindet sich eine der größten Sammlungen zur Geschichte der Pharmazie. Alchemistenlaboratorien, kunstvolle Apothekeneinrichtungen und eine Sammlung früher verwendeter Arzneien führen durch medizinische Behandlungsmethoden vergangener Zeiten. Der museumseigene Kräuterladen «HERBARIUM» im historischen Mobiliar der Barfüsser-Apotheke verführt zum Einkaufen wie in der «guten alten Zeit».

Totengässlein 3
CH 4051 Basel
Tel. +41 61 264 91 11
www.pharmaziemuseum.ch

Öffnungszeiten:
Di – Fr 10 – 18 Uhr
Sa 10 – 17 Uhr
So und Mo geschlossen

KLEINBASEL

Jahrhundertelang war Kleinbasel die »mindere Stadt«. Und zwar so »minder«, dass sich niemand die Mühe machte, ihr Gründungsdatum festzuhalten. Dabei gibt es auf Grossbasler Seite keinen Grund, die Nase hoch zu tragen – Kleinbasel war zuerst da.

Erste Siedlungsspuren auf rechtsrheinischer Seite stammen aus der Steinzeit, Spuren der Römer, die in die Zeit zwischen 1. und 3. Jh. zurückreichen, und der Germanen, die ab dem 5. Jh. folgten, wurden ebenfalls gefunden; die urkundlich erwähnten villa Baselahe und Niederbasel waren Dörfer auf rechtsrheinischem Gebiet. Sicher ist: Die Stadt Kleinbasel wurde irgendwann im frühen 13. Jh. gegründet und war spätestens 1225 sehr wichtig: Da verband erstmals eine Brücke die beiden Uferseiten – die Vorläuferin der Mittleren Brücke. Für Handel und Zollerhebung war dieser Übergang ein Meilenstein, der aber auch Gefahren barg. Überfälle von rechtsrheinischer Seite wurden dadurch auch erleichtert. Kleinbasel schützte sich mit einer Befestigungsanlage und zwei Stadttoren. 1392 verkaufte Friedrich von Blankenheim, der Bischof von Straßburg, die Stadt für 29 800 Gulden und ermöglichte so den Zusammenschluss mit Gross-

◀ Das Käppelijoch (▶ S. 90), eine kleine Kapelle auf der Mittleren Rheinbrücke.

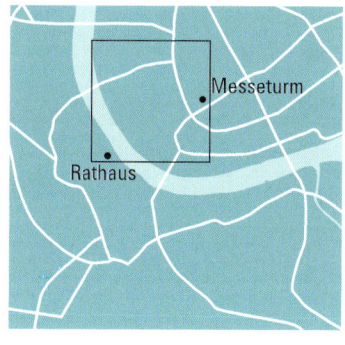

basel. Während linksrheinisch das Bürgertum und die Zünfte florierten, siedelten sich am anderen Ufer vornehmlich Handwerker und Arbeiter an. Diese Entwicklung hinterlässt heute noch ihre Spuren: Der Ausländeranteil liegt in Kleinbasel bei 42 %, in Grossbasel bei 33 %. Mehr ausländische Bürger als Schweizer wohnen in den Quartieren Matthäus, Klybeck und Rosental. Andererseits ist Altstadt Kleinbasel das einzige Viertel Basels, in das im ersten Jahrzehnt des 21. Jh. mehr Schweizer zu- als weggezogen sind. Das bestätigt, worauf viele Kleinbasler stolz verweisen: Ihr Quartier ist im Kommen. In den vergangenen Jahren haben zahlreiche Trendläden, Szenelokale und Kultureinrichtungen eröffnet. Kleinbasel ist quirlig und lebendig, hier trifft sich das, was man gern »die Szene« nennt.

SEHENSWERTES

 **Basler Riviera** C4

Bei schönem Wetter trifft sich Basel auf der Sonnenseite der Stadt. Die Rheinpromenade auf Kleinbasler Seite bietet gemütliche Straßencafés, pittoreske Altstadtfassaden und die Riviera an der Mittleren Rheinbrücke: eine lang gezogene Steintreppe, auf deren Stufen Eis gelutscht, geklönt oder sich einfach nur gesonnt wird.

Altstadt Kleinbasel | Oberer Rheinweg | Tram, Bus: Rheingasse

❶ **Messeturm** D3

50 000 t schwer und knapp 167 Mio. SFr. teuer: Der voll verglaste Messeturm, schon von Deutschland und Frankreich aus weithin sichtbar, ist mit 105 m das zweithöchste bewohnte Gebäude der Schweiz. Entworfen von den Architekten Morger, Degelo und Marques, haben ihn die Basler fast schon als Wahrzeichen akzeptiert. Hier residieren u. a. die Messe Schweiz, die **BarRouge** (▶ S. 41) sowie das Hotel Ramada Plaza Basel.

> **Basler Riviera: ein Platz zum Entspannen**
>
> Riviera! Das ist das Mittelmeer! Ligurien! Côte d'Azur! Möglicherweise … Riviera, das ist mit einem Augenzwinkern auch Basel. Ob im Straßencafé oder beim Picknick – das Motto, das hier gilt, lautet: für einen Moment innehalten und einfach entspannen (▶ S. 13).

Rosental | Messeplatz | Tram: Messeplatz | www.messeturmbasel.ch

② Mittlere Rheinbrücke/Käppelijoch C4

Die Mittlere Rheinbrücke wurde Anfang des 20. Jh. errichtet; ihr Vorläufer allerdings bildete (wahrscheinlich) im Jahr 1225 die erste Landverbindung zwischen Klein- und Grossbasel. In ihrer Mitte steht die Kopie des Käppelijochs, eine winzige Kapelle. Im 14. Jh. diente sie zugleich als Vollstreckungsort der Exekutive: Frauen, die des Ehebruchs, schweren Diebstahls, Kindesmords oder der Kuppelei bezichtigt wurden, Männer, die der Bigamie und der Elternmisshandlung überführt schienen, wurden gefesselt und von hier mit Gewichten beschwert in den Rhein gestoßen und ihrem Schicksal überlassen. Im nächsten Quartier zogen Fischer die Körper aus dem Wasser. Wer überlebte, bekam sein Leben geschenkt. Das Standbild im Relief zeigt übrigens Bischof Heinrich von Thun, den Initiator der ersten Brücke.

Altstadt Kleinbasel/Altstadt Grossbasel | Mittlere Rheinbrücke | Tram, Bus: Schifflände, Rheingasse

MUSEEN

⑨ Museum Tinguely ▶ S. 114

ESSEN UND TRINKEN
RESTAURANTS

③ Brauerei D4

Marktfrisch auf den Tisch – Das Schankhaus der ehemaligen Warteck-Brauerei fungiert heute als mediterranes Restaurant. Optisch reizvoll ist die Kombination des Jugendstildekors mit der modernen Kunst an den Wänden.

Wollen Sie's wagen?

Schwimmen Sie durch den Rhein ans andere Ufer! Bei warmem Wetter vergeht kaum ein Tag, an dem nicht jemand den Sprung ins Wasser wagt. Die Strömung treibt Sie und den Schwimmsack mit Ihrer Kleidung auf die andere Seite, etwa 100 m versetzt vom Startpunkt. Lediglich auf dem letzten Teilstück braucht es ein paar kräftige Schwimmzüge. Der wasserdichte Schwimmsack, genannt »Wickelfisch«, kostet je nach Größe zwischen 20 und 30 SFr. Erhältlich z. B. bei Basel Tourismus am Barfüsserplatz, beim Erfinder Tilo Ahmels (www.tiloahmels.ch) oder einer der Buvetten am Rhein. Übrigens: Das Sportamt organisiert im Juli und August jeden Dienstag ein geführtes Rhein-Schwimmen. Anmeldung unter Tel. 0 61/2 64 57 29.

Der Koch verheißt Rindstatar mit Cognac, Toast und Butter, aber auch die Wiener Schnitzel machen ihrem Namen Ehre. Die angeschlossene Enothek bietet aus 200 verschiedenen Weinen den passenden Tropfen zum Essen. Zum Schnitzel tut's freilich auch ein schönes frisches Bier. Idyllisch: der Garten mit Platz für 120 Gäste.

Wettstein | Grenzacherstr. 60 | Tram, Bus: Wettsteinplatz | Tel. 0 61/6 92 49 36 | www.brauerei-basel.ch | Mo–Fr 11–24, Sa 18–24 Uhr | €€€

④ Chanthaburi C3

Innen hui – Keine goldigen Drachenköpfe an der Garderobe, keine Götter-

vögel auf der Serviette – dieses thailändische Restaurant setzt auf Minimalismus, verzichtet auf die üblichen Klischees und empfängt seine Gäste in drei modernen Speiseräumen mit der landesüblichen Gastfreundschaft. Vom Eingangsbereich sollte man sich nicht abschrecken lassen – er gehört den Selbstabholern. Die Karte verheißt den Gästen Crevetten mit Sojasprossen oder gebratenen Krebs an gelbem Curry. Das Schweine-, Rind- und Lammfleisch stammt aus Schweizer Bio-Anbau. Die Originalität der Küche garantiert Sairung Martin-Suksamran; sie kommt aus dem Südosten Thailands, aus Chanthaburi. Im Sommer sollte man unbedingt draußen im lauschigen Garten Platz nehmen.
Matthäus | Feldbergstr. 57 | Tram, Bus: Feldbergstrasse | Tel. 0 61/6 83 22 23 | Mo–Fr 11.30–14, 18–24, Sa 18–24 Uhr | €€

5 Fischerstube C4
Einfach gemütlich – Nachdem die Warteck-Brauerei 1988 an Feldschlösschen überging, bleibt das Ueli-Bier – erst 1974 eingeführt – das letzte »echte« Basler Bier. Gebraut wird das süffige Getränk in der Fischerstube, einer einfachen Gaststätte, die den Gästen den Blick auf den Produktionsprozess des Getränks zulässt. Spezialität des Restaurants: der »Suure Mogge« (Sauerbraten) mit »Spätzli« und die »Ueli«-Wurst, eine Bierwurst, serviert mit Brot und Senf. Nebenbei: Der »Ueli« ist eine Fasnachtsgestalt und leitet sich von dem Vogel ab, der Till Eulenspiegel stets begleitet haben soll.
Altstadt Kleinbasel | Rheingasse 45 | Tram, Bus: Rheingasse | Tel. 0 61/ 6 92 92 00 | www.restaurant-fischer stube.ch | Mo–Do 10–14, 16.30–24, Fr 10– 14, 16.30–1, Sa 14–1, So ab 14 Uhr | €€

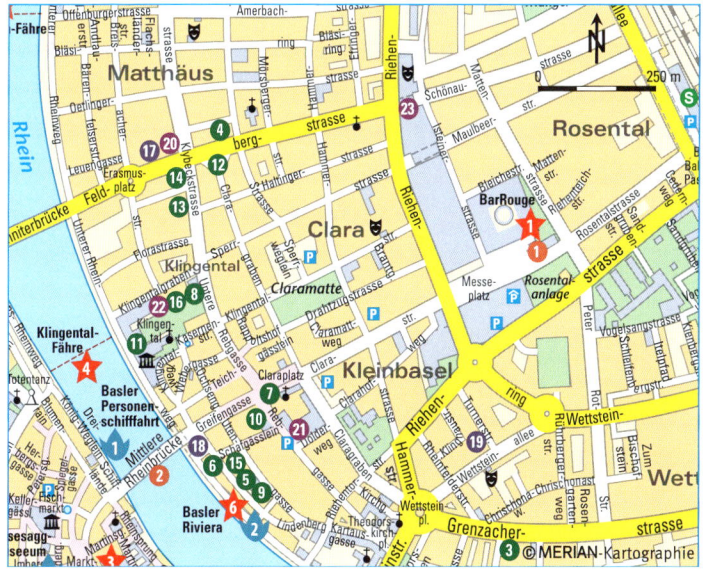

❻ Krafft Basel C4

Geschmackvoll – Von einem stilvollen Hotel (▶ S. 24) erwartet man auch ein geschmackvolles Restaurant – im wahrsten Sinne des Wortes. Dem Krafft gelingt es mühelos, die Erwartungen zu erfüllen. Zuletzt wurde der Raum sanft renoviert, die Tapetenschichten der vergangenen 140 Jahre entfernt. Zu sehen gibt es den Rhein und das Grossbasel-Panorama am anderen Ufer. Zu essen gibt es übrigens auch etwas, und das mögen auch professionelle Gourmets: Das Restaurant Krafft ist nämlich mit 13 Gault-Millau-Punkten dekoriert.

Altstadt Kleinbasel | Rheingasse 12 | Tram, Bus: Rheingasse | Tel. 0 61/6 90 91 30 | www.krafftbasel.ch | tgl. 12–13.45, 18.30–21.45 Uhr | €€€€

❼ Lily's Stomach Supply C4

Schnelle Küche – Selten empfiehlt ein Buch dieser Reihe Schnellrestaurants. Das Lily's aber mit gutem Gewissen: Erstens sind die meisten asiatischen Gerichte dann gut, wenn sie nur kurz im Wok oder Topf schmoren, und zweitens schwört das Lily's, authentische Zutaten ohne Konservierungsstoffe und Geschmacksverstärker zu verwenden. Lange, einfache Holzbänke an ebensolchen Tischen, man setzt sich einfach dazu, und wem der Nachbar nicht passt, der blickt hinaus durch die Glasfronten auf das Leben in Kleinbasel oder riskiert einen Blick in die offene Küche, um zu prüfen, ob auch wirklich alle Zutaten frisch sind.

Altstadt Kleinbasel | Rebgasse 1 | Tram, Bus: Claraplatz | Tel. 0 61/6 83 11 11 | www.lilys.ch | Mo–Fr 10–24, Sa 11–24, So 11–22.30 Uhr | €

❽ Parterre C3

Atmosphärisch – Dieses Kulturprojekt etablierte sich auf dem ehemaligen Militärgelände, das seit 1966 brach lag. In den 1980er-Jahren siedelten sich hier verschiedene Initiativen an, unter anderem das Parterre, eine Brasserie mit Café, schöner Terrasse und vielen Zeitschriften für eine ausgiebige Lektüre. Wem das noch nicht reicht: Im ersten Stock ist ein Lesesaal eingerichtet. Drei Gerichte am Mittag, wechselnde Karte am Abend.

Matthäus | Klybeckstr. 1b | Tram: Kaserne | Tel. 0 61/6 95 89 98 | www.parterre.net | Mo–Mi 9–23, Do, Fr 9–24, Sa 10–24 Uhr | €€

❾ Santa Pasta C4

Mit viel Liebe – Die Tafel an der Wand zählt auf: 1. Pasta, 2. Größe, 3. Sauce: Wer Frage 1 mit ja beantwortet und sich bei den anderen zwischen drei Optionen schnell entscheidet, ist hier richtig – Take-Away-Pasta, nur mittags, aber mit Mühe: Nudeln sind selbstgemacht, die Saucen aus Zutaten der Saison. Wer keine Pasta mag: Trotzdem hingehen und den liebevoll eingerichteten Laden bewundern.

Altstadt Kleinbasel | Rheingasse 47 | Tram, Bus: Rheingasse | Tel. 0 79/4 55 46 82 | www.santapasta.ch | Mo–Fr 11.30–13.30 Uhr | €

❿ Volkshaus Basel   C4

Extrem sehenswert – Eine Basler Institution, nach Jahrzehnten der Bedeutungslosigkeit wurde sie reanimiert. Umbau und Renovierung besorgte das Architekturbüro Herzog & de Meuron, und es ist stylish-elegant, vielleicht etwas zu nüchtern geworden. Toll: das

Exquisite Küche, freundliches Ambiente, makelloser Service: Das Krafft Basel (▶ S. 92) weiß, wie man sich die Gunst der Gäste erobert und bewahrt.

Meer an Tropfen-LEDs, das sich an der Decke ergießt, nachempfunden dem Original-Volkshaus von 1925. Bar, Bistro, Biergarten und regelmäßig Kulturveranstaltungen in den Sälen.
Altstadt Kleinbasel | Rebgasse 12–14 | Tram, Bus: Claraplatz | Tel. 0 61/6 90 93 10 | www.volkshaus-basel.ch | Mo–Do 8–1, Fr, Sa 8–2 Uhr | €€

CAFÉS
11 Buvette   C4
Am schönen Rheinufer stehen eine Getränkebude, ein paar einfache Tische und – sehr wichtig – viele Sonnenschirme. Betrieben wird diese urige Einrichtung vom Restaurant Parterre, das um die Ecke, in der Kaserne, residiert. Der ideale Zwischenstopp beim Rheinspaziergang in Kleinbasel.
Matthäus | Unterer Rheinweg | Tram: Rheingasse, Kaserne, Bus: Rheingasse | März–Okt. tgl. (je nach Wetter) 10–23.30 Uhr

12 Feldberg Kiosk   C3
Glaubt man kaum: Der »Dreiecksplatz« im Claraquartier – steht so in keinem Stadtplan – war früher ein Ort wie Gotham City: Junkies, Dealer, Hu-

ren! – na gut, vielleicht nur so ähnlich und vor allem nicht so groß. Hier steht seit 1910 ein Kioskhäuschen, das jahrelang verfiel. Jetzt haben es vier junge Macher wiederbelebt und einen Treffpunkt geschaffen – vor allem fürs Quartier, wie Theo Reichert (▶ Einheimische empfehlen, S. 57), einer der Geschäftsführer, beteuert. Hier gibt es den ganzen Tag Frühstück, mit oder ohne Bagels. Mittlerweile ist die Ecke ein »Place to Go«.
Clara | Feldbergstr. 60 | Tram, Bus: Feldbergstrasse | www.feldbergkiosk.ch | Di–Fr 7.30–22, Sa, So 10–22 Uhr

⓭ Valentino's Place C 3
Dieses junge und farbenfrohe »Wohnzimmer« liegt an der Ecke zur Klybeckstrasse: zehn kleine Tische, blauer Kachelboden, gelb-orangefarbene Wände. Der urgemütliche »Platz« bietet leichte Gerichte wie Pasta, Salate und Tortillas, aber auch Hamburger-Variationen, die sich geschmacklich wohltuend von McGroßküchen abheben. Und zum Nachtisch Zimteis mit Apfelmus.
Matthäus | Kandererstr. 35 | Tram, Bus: Feldbergstrasse | www.valentinosplace.ch | Mo–Sa 17–24 Uhr

BARS
⓮ Alpenblick C 3
Die beliebte Lounge-Bar wechselt regelmäßig die Dekoration im Schaufenster. Mal zeigt sich diese skurril mit Palmen und Zebra, mal in intim-warmen rot-orangefarbenen Tönen. Junges Publikum, lockere Atmosphäre, großes Cocktail-Angebot.
Matthäus | Klybeckstr. 29 | Tram, Bus: Feldbergstrasse | Di–Do 20–1, Fr, Sa 20–2 Uhr

⓯ Consum C 4
In Basel kann man endlich wieder »zum Konsum gehen«. Klingt wie ein Relikt aus sozialistischen Schwarz-Weiß-Zeiten. Konsum-Märkte gab es bis in die 1970er-Jahre allerdings auch in der BRD … und in der Schweiz. Die Genossenschaften gingen in Coop auf und wo früher der erste Konsum in Kleinbasel Waren feilbot, empfängt nun diese Bar ihre Gäste. Viel Holz schafft heimelige Atmosphäre, »Plättli« mit Salami- und Käsespezialitäten und mehr als 100 Weine laden zur Einkehr.
Altstadt Kleinbasel | Rheingasse 19 | Tram: Rheingasse | www.consumbasel.ch | tgl. ab 17 Uhr

⓰ Sommerbar im Parterre C 3
Laue Sommernächte lassen sich wunderbar auf dem Gelände der ehemaligen Kaserne verbringen. Eine Bude dient als Bar, die Bänke an der großen Wiese und die Grünfläche selbst als »Schankraum«, und wer es noch bequemer mag, lässt sich an den Tischen der Parterre-Terrasse nieder.
Matthäus | Klybeckstr. 1b | Tram: Kaserne | www.parterre.net | ca. April–Okt. Mo–Sa 17–24, Sa 10–24 Uhr

EINKAUFEN
⓱ Riviera ▶ S. 38
⓲ Läckerli-Huus ▶ S. 37
⓳ woxx.designobjekte ▶ S. 39

KULTUR UND UNTERHALTUNG
CLUBS UND KNEIPEN
⭐ BarRouge ▶ S. 41

⓴ Lady Bar & Feldberg   C 3
In das ehemalige Freudenhaus ziehen heute DJs und Bands und alle, die den

neuen Ruf von Kleinbasel als kreativem Hotspot erleben wollen. Zum Essen geht es nebenan ins Feldberg, wo Pierre Mendy die französische Küche – »Hausgemachte Königspastete von Waldpilzen, Kalbsmilken (Kalbsbries) und Tagliatelle« – pflegt.

Matthäus | Feldbergstr. 47 | Tel. 0 61/ 5 35 67 38 | Lady Bar: Mi–Do 19–2, Fr, Sa 19–4 Uhr, Feldberg: Di–Fr 11.30–14, 18–24, Sa 17–1 Uhr

KINO

21 kult.kino camera C4

Die Kleinbasler Fililale dieses Programmkinos wird Cineasten begeistern. Motto ist die Wortspielerei »Brainstream statt Mainstream«. Montag und Dienstag sind Kinotage mit ermäßigtem Eintritt. Viele Filme werden im Original mit Untertiteln gezeigt. Für kleine Gäste gibt es den Kinderfilmclub »Zauberlaterne«.

Altstadt Kleinbasel | Rebgasse 1 | Tram, Bus: Claraplatz | Tel. 0 61/2 72 87 81 (Reservierung) | www.kultkino.ch

TANZ UND MUSICAL

22 Kaserne C3

Dieses Kulturzentrum gründete sich auf dem Gelände einer ehemaligen Kaserne: regelmäßig Tanz-, Theater- und Musikveranstaltungen in der Reithalle und den beiden Rossställen. Engagiert werden meist freie Gruppen, die Konzerte wenden sich in der Regel an ein junges Publikum.

Matthäus | Klybeckstr. 1b | Tram: Kaserne | www.kaserne-basel.ch

THEATER

23 Musical Theater Basel ▶ S. 42

Blick vom Rhein auf den westlichen Teil der Basler Kaserne, die sich vom militärischen Nutzbau in ein Kulturzentrum (▶ S. 95) verwandelte.

NICHT ZU VERGESSEN!

*Basel breitet sich auf beiden Seiten des Rheins ins Hinterland aus.
Heute ist es in 19 Quartiere eingeteilt und bildet mit den Gemeinden
Riehen und Bettingen den Kanton Basel-Stadt. Kaum vorstellbar,
dass bis 1870 außerhalb der Innenstadt nur wenig Land bebaut war.*

Mittlerweile sind die Übergänge zwischen den Stadtteilen fließend. Der Süden St. Johanns beispielsweise geht nahtlos in die angrenzenden Quartiere Am Ring und Vorstädte über. Der Boom der jüngeren Quartiere trat mit der Industrialisierung ein; bis 1920 erhielt der Norden, der bis an die französische Grenze reicht, seinen zweckmäßigen Charakter aus Wohnblöcken für die Arbeiter und Fabriken für die Unternehmer. Freilich lässt es sich auch hier gut leben: Bestes Beispiel ist der St. Johanns-Park am Rhein, der mit Café und Restaurant zum kommunikativen Entspannen einlädt.
Am anderen Rheinufer liegen Klybeck und Kleinhüningen, letzteres am Dreiländereck mit dem Rhein als Grenze zum französischen Hüningen und im Osten und Norden das deutsche Weil am Rhein als Nachbarort. Kaum vorstellbar, dass Kleinhüningen bis Ende des 19. Jh. ein verschlafenes Fischerdorf war. Heute dominieren der Hafen, die Kräne, die Schlepper das

◀ Ein Metallpylon (▶ S. 97) markiert das Dreiländereck Schweiz-Frankreich-Deutschland.

Bild des rechtsrheinischen Nordens – faszinierend sind hier die Restaurants und Cafés mit Blick auf diese monumentale Industrieszenerie.

REGER GRENZVERKEHR

So nah an Frankreich, so nah an Deutschland, da ist der Übertritt einfach und vor allem wirtschaftlich: Schweizer kaufen in Deutschland ein, weil es da billiger ist. Auf deutscher Seite sammeln sich Shops und Malls, und geben den Innenstädten ein – ähem – unmissverständliches Image. Trotzdem: Das Vitra Design Museum in Weil am Rhein ist Anlaufpunkt für Leute, die Architektur und Design schätzen, Dornach – Teil des Kantons Solothurn – ist Ziel für Menschen, die weniger wettbewerbsorientierte Prioritäten setzen und sich für die Ideen Rudolf Steiners interessieren.

SEHENSWERTES

Dreiländereck ▌C1

Ein mehrere Meter hoher Metallpylon soll den Schnittpunkt zwischen Schweizer, französischer und deutscher Grenze markieren und verleiht die Illusion, einmal drum herumzulaufen würde bedeuten, drei Länder zu betreten. Doch der Pylon dient nur als Symbol, die politische Grenze liegt in der Mitte des Rheins, und da hat man wohl aus Rücksicht auf den Schiffsverkehr die Säule auf der Halbinsel aufgestellt. Dennoch hat es etwas Erhabenes, am Kreuzungspunkt dreier Länder zu stehen.
Kleinhüningen | Ende Westquaistrasse | Tram, Bus: Kleinhüningen

Goetheanum ▶ S. 133, c2

Anfang des 20. Jh. entwickelte Rudolf Steiner seine Erkenntnislehre der Anthroposophie. In Dornach, knapp 15 km von Basel entfernt, baute der Goethe-Forscher 1913 nach eigenen Entwürfen das erste Goetheanum und gründete 1923 die Allgemeine Anthroposophische Gesellschaft. Seitdem ist der Ort Zentrum der Steinerschen Bewegung, kulturelle Veranstaltungs- und Forschungsstätte. Viele Besucher kommen vermutlich aber auch wegen des architektonisch interessanten Gebäudes: Die Fassade weist keinen rechten Winkel auf, alle Formen wachsen organisch zusammen. Der erste Bau – aus Holz – wurde Silvester 1922 durch Brand zerstört. Das jetzige Gebäude, 1928 fertiggestellt, besteht aus Beton. Empfehlenswert: gesunde Kost im Vital Speisehaus (▶ S. 34).
Dornach | Rüttiweg 45 | Bus: Dornach, umsteigen in Bus 66 Goetheanum | www.goetheanum.org | Tel. 0 61/7 06 42 42 | tgl. 8–22 Uhr | Ausstellungsraum: Mo–Mi 14.30–15.30, Do–So 10–12, 14–16 Uhr, Großer Saal: tgl. 13.30–14.30 Uhr | Eintritt frei | Führungen Sa 14 Uhr (Eintritt 20 SFr., Kinder frei)

Federn wie die Finnen

Finnenbahnen sind Parcours aus Rindenmulch. Darauf zu laufen oder zu gehen fühlt sich an, als ob der Körper auf einem flauschigen Teppich federn würde – vor allem, wenn man barfuß läuft! Ideal zum Abschalten. Eine der attraktivsten Rundstrecken befindet sich im Wald der Langen Erlen (▶ S. 13).

Lange Erlen mit Tierpark 👣 ⚜ D 2

Dieses Naherholungsgebiet liegt in Kleinbasel am Fluss »Wiese« und beginnt westlich unmittelbar an dem Autobahnanschluss Kleinhüningen und der vom Hafen geprägten Industriearchitektur. Nordöstlich führt der Fluss nach Lörrach – der Park bildet quasi die natürliche Grenze zu Deutschland. Schwerpunkt des Bestandes von Basels ältestem Tierpark (1871), der sich ebenfalls auf dem Terrain befindet, sind die Hirsche: Reh, Rot- und Damhirsche, aber auch Arten aus Indien und den USA, die Barasinghahirsche, Virginias und Wapitis. Bei Kindern sind die Kapuzineraffen am beliebtesten.

Hirzbrunnen | Erlenparkweg 110 | Bus: Lange Erlen | www.erlen-verein.ch | März–Okt. tgl. 8–18, Nov.–Feb. tgl. 8–17 Uhr | Eintritt frei

Mariastein ▶ S. 133, b 2

Der etwa 18 km von Basel entfernte Ort ist nach Einsiedeln der größte Wallfahrtsort der Schweiz. Im Zentrum, das malerisch auf einem Berg liegt und keine 200 Einwohner zählt, thront das Benediktinerkloster, das 1648 hierher verlegt wurde. Zum Wallfahrtsort wurde Mariastein schon im 14. Jh. In einer Felsgrotte unterhalb der Kirche findet sich ein Gnadenbild der Madonna.

Mariastein | Kirchplatz | Tram: Flüh, umsteigen in Postauto 69 Mariastein | www.kloster-mariastein.ch
– Kloster: Mo–Sa 8–8.45, 10–11.45, 14–14.55, 15.30–17.45, So 8.30–9.15, 10.30–12.15, 14–14.45, 15.45–17.45 Uhr
– Felsengrotte: Mo 7–19.15, Di–So 6–19.15 Uhr

Merian-Park Brüglingen/Botanischer Garten Brüglingen ⚜ südl. E 6

Der zweite Botanische Garten neben der Universität gehört zum Merian-Park, benannt nach dem großen Gönner und Sohn der Stadt, dem Großgrundbesitzer Christoph Merian (1800–1858). 1968 stellte seine Stiftung einem Bürgerverein das Gelände am St. Jakob-Stadion zur Verfügung. Die Gartenanlage liegt hinter dem Stadionparkplatz und gruppiert sich um die barocke Villa Merian, die heute ein Café beherbergt. Neben Orangerie, Gewächshäusern, schönen Spazierwegen und verschieden angelegten Gärten bietet der Park auch Raum für die Kut-

Mariastein: den Wundern auf der Spur

Genießen Sie bei einem Ausflug nach Mariastein die Aussicht, Idylle und Natur der malerisch auf einem Berg gelegenen Gemeinde. Der magische Ort war im Mittelalter Schauplatz eines Ereignisses, das zur Legende wurde und die Christenheit bis heute an ein Wunder glauben lässt (▶ S. 13).

Der Merian-Park Brüglingen (▶ S. 98) besticht durch Pflanzenpracht und Abgeschiedenheit. In der Villa Merian lädt ein Café mit Blick auf den Seerosenteich zur Einkehr ein.

schensammlung des Historischen Museums Basel (Museum für Pferdestärken, ▶ S. 111) und das Mühlenmuseum (tgl. von 8 Uhr bis Sonnenuntergang) in der Brüglinger Mühle.

St. Jakob | Vorder Brüglingen 5 | Tram: Dreispitz, Neue Welt, St. Jakob, Bus: St. Jakob | www.bogabrueglingen.ch | tgl. 8 Uhr bis Sonnenuntergang | Eintritt frei

Park im Grünen/Grün 80 südl. D 6

Wer in St. Jakob nach dem Park im Grünen fragt, verpflichtet sein Gegenüber höchstwahrscheinlich zum Grübeln. Wer aber von Grün 80 spricht, erhält prompt Antwort. Grün 80 war der Name der Gartenbauausstellung, die Basel 1980 den 46 ha großen Park im Grünen bescherte und bis heute im Bewusstsein der Basler Bestand hat. Neben dem Restaurant Seegarten, das an einem Teich liegt, viel Natur und langen Spazierwegen bietet das Gelände einen Abenteuerspielplatz, ein großes Kinderkarussell und viel Wiese zum Spielen und Toben. Grün 80 fügt sich übrigens nahtlos dem Merian-Park Brüglingen (▶ S. 98) an.

Münchingen | Rainstrasse | Tram: Neue Welt | www.seegarten-gruen80.ch | Eintritt frei

Römerstadt Augusta Raurica   ▶ S. 133, d 2

In ihrer Blütezeit lebten 20 000 Menschen in der römischen Kolonie Augusta Raurica, dem heutigen Augst, kaum 10 km östlich von Basel. Gegründet 44 v. Chr. von Feldherr Lucius Munatius Plancus, galt die älteste römische Siedlung am Rhein fast 300 Jahre lang als wichtige Handelsstadt. Gründe für ihren Untergang waren wahrscheinlich ein Erdbeben um 250 n. Chr. und Angriffe der Alemannen oder desertierter römischer Truppen im 3. Jh. Ebenso beeindruckend wie das Amphitheater, das einst 6000 Zuschauern Platz bot, ist das Museum, das die Besucher in die Zeit der römischen Weltherrschaft zurückversetzt: Ein in Originalgröße rekonstruiertes Haus zeigt anschaulich, wie Garten, Küche, Bad, Werkstatt und Schankraum vor nahezu 2000 Jahren ausgesehen haben. Die Ausstellung bietet Räume, die speziell für Kinder konzipiert wurden.

Augst | Giebenacherstr. 17 | Bus: Augst, S-Bahn: Kaiseraugst | www. augustaraurica.ch | Römermuseum: März–Okt. Mo 13–17, Di–So 10–17, Nov.–Feb. Mo 13–17, Di–So 11–12, 13.30–17 Uhr | Eintritt 8 SFr.

Dampfbad Basel-St. Johann

5

Entspannen an Bahngleisen? Das stillgelegte Stellwerk bietet seit 2011 auf 400 qm einen Ort der türkischen Bade- und Körperkultur: Dampfbad plus Hamam und eine Reihe anderer wohltuender Massagen (▶ S. 14).

Silo am Rheinhafen C2

In Häfen weht der Duft der großen weiten Welt. Der Logistikstandort Basel darf gleich vier sein Eigen nennen, die linksrheinischen Häfen Muttenz, Birsfelden und St. Johann sowie den rechtsrheinischen Hafen Kleinhüningen. Hier steht das erste »Hochhaus« Basels, der Getreidesilo von Hans Bernoulli, erbaut von 1923 bis 1926. In einer Höhe von 45 m befindet sich eine Plattform, die eine fantastische Aussicht ermöglicht. Von hier kann man nicht nur in die Ferne bis zum EuroAirport nach Frankreich und nach Weil am Rhein in Deutschland blicken, sondern auch in die Tiefe, auf das Rangieren der Kräne und Verladen der Frachten im Hafen. Mittlerweile ist das Wahrzeichen des Rheinhafens nur noch im Rahmen von Gruppenführungen für die Öffentlichkeit zugänglich.

🕒 Von Anfang Juli bis Anfang August steigt jedes Jahr das »Silo-Open-Air« des Neuen Kinos (▶ S. 104), sehr beliebt und immer ausverkauft. Reservierungen nur am Vorführtag zwischen 17 und 18.30 Uhr über Tel. 0 78/6 79 20 97, Programm unter www.neueskinobasel.ch.

Kleinhüningen | Hafenstr. 7 | Tram, Bus: Kleinhüningen | Anfragen zu Führungen per E-Mail unter www.portofbasel.ch/de/Besuch & Nachbarschaft/Hafenführungen

Wasserturm südl. C 6

Das Bruderholz-Quartier im Süden Basels gilt im Allgemeinen als ruhiges Wohnviertel, aber auch als Ausflugsziel. Seine Attraktion ist eine kleine Parkanlage mit einem 36 m hohen Wasserturm. Dessen Aussichtsplattform erreicht man nach 164 Stufen. Bei schönem Wetter kann man – 394 m über dem Meer – eine prächtige Sicht auf die Stadt und Basel-Landschaft genießen. Wer mit dem Auto fährt, biegt am Bruderholzspital ein, im Kreisel rechts, die Predigerhofstrasse links und dann in die Reservoirstrasse rechts ab.

Bruderholz | Reservoirstrasse | Bus: Bedrettostrasse | April–Sept. tgl. 8–20, Okt.–März 8–16 Uhr | Eintritt 1 SFr.

Zoo Basel 🧍 　　　　　　🔖 B 5

Ihren zoologischen Garten nennen die Basler zärtlich »Zolli«. Südwestlich vom Zentrum gelegen, dient der Park – gegründet 1874 – als »grüne Lunge« oder als Naherholungs- und beliebtes Ausflugsziel. Rund 620 Arten und etwa 7000 Tieren leben in dem Zoo. Im Vivarium tummeln sich Chamäleons, Piranhas und Stechrochen, während in der Gamgoas-Anlage Löwen und Nilkrokodile die Hauptrolle spielen. Ebenfalls interessant ist das Etoschahaus, in dem das Leben in der afrikanischen Savanne simuliert wird.

🕐 Am Montag ist der Eintritt günstiger: Erwachsene sparen 5 SFr., Jugendliche und Kinder 3 bzw. 2 SFr.

Bachletten | Binningerstr. 40 | Tram: Zoo Bachletten, Zoo Dorenbach, Zoo, Bus: Zoo Dorenbach | Tel. 0 61/2 95 35 35 | www.zoobasel.ch | März–April, Sept.–Okt. tgl. 8–18, Mai–Aug. tgl. 8–18.30, Nov.–Feb. tgl. 8–17.30 Uhr | Eintritt 18 SFr., Jugendliche 12 SFr., Kinder 7 SFr.

ESSEN UND TRINKEN
RESTAURANTS
Eo Ipso 　　　　　　🔖 C 6

Zeit für Genuss – Im Restaurant der einstigen Fabrikhalle erwarten weiß gedeckte Tische mit Kerzenständern die Gäste. Serviert werden Menüs mit bis zu fünf Gängen, à la carte ist freilich auch möglich. Eile – und das scheint den Machern wichtig – ist hier fehl am Platz. Es sei Zeit für »Muße und Genuss«. Laut ist es trotzdem.

Gundeldingen | Dornacherstr. 192 | Tram: Tellplatz, Bus: Bruderholzstrasse | Tel. 0 61/3 33 14 90 | www.eoipso.ch | Mo–Do 11–1, Fr 11–2, Sa 17–2 Uhr | €€€

Das Amphitheater von Augusta Raurica (▶ MERIAN TopTen, S. 99) bot einst 6000 Zuschauern Platz. Heute finden dort im Sommer »Römische Spieltage« für die ganze Familie statt.

Gasthof Neubad ▶ S. 133, c1

Geheimtipp – Das Haus von 1765 diente früher als Heilbad und ist unter der Führung von Julie und Philipp Wiegand vom Gault Millau auf Anhieb mit 13 Punkten dekoriert worden. Mittags gibt es zwei- oder dreigängige Menüs, abends einen fünfgängigen Gaumenschmaus.

Binningen | Neubadrain 4 | Tram, Bus: Neubad | Tel. 0 61/3 01 34 72 | www.gasthofneubad.ch | Di–Fr 12–14, 18–22, Sa 18–22 Uhr | €€€

Gundeldingerhof C6

Leicht und verspielt – Fast schon bescheiden mutet abends das Eckhaus von außen an, während das Restaurant Bundesbahn gegenüber mit Leuchtsignets für sich wirbt. Nur der goldene Schriftzug über dem Eingang weist auf Exklusivität hin. Das Interieur, ganz in Weiß gehalten, mit Ausnahme der dunklen Stühle und pastellfarbenen Säulen, bildet den passenden Rahmen für Gerichte wie Kabeljau mit Randen-Rotwein-Risotto und glasierten Babyzwiebeln. Chefkoch Martin Pont stammt von der Isle of Wight und lernte die Kunst der Küche in London. Hervorragende Weinkarte.

> **Blindekuh: ein Geschmackserlebnis**
>
> Der Slogan »Speisen mit allen Sinnen« wird häufig strapaziert – jetzt passt er: Die Blindekuh in Gundeldingen verschafft ihren Besuchern ganz besondere Erlebnisse, indem sie den Geschmacks-, Geruchs- und Hörsinn schärft (▶ S. 14).

Gundeldingen | Hochstr. 56 | Tram: Tellplatz, Peter Merian | Tel. 0 61/3 61 69 09 | www.gundeldingerhof.ch | Di–Fr 11.30–14.30, 18–24, Sa 18–24 Uhr | €€€

Matisse A3

Harmonie der Aromen – Dass Spitzenrestaurants auch in der Peripherie existieren können, beweist seit Jahrzehnten das Stucki (▶ S. 28) im Bruderholz. Das Matisse in St. Johann liegt auch nicht gerade im Zentrum, hat aber seit der Eröffnung 2010 schon einige Fans gewonnen. Darunter die Profi-Schmecker von Michelin und Gault Millau, die Erik Schröters Kochkünste mit einem Stern respektive 15 Punkte bedachten. Elementar sind für den Chef de Cuisine die Kräuter, die im eigenen Garten wachsen und geerntet werden. Mit Bärlauch, Bachkresse und Basilikum, Erdbeerspinat, Erbsensprossen und Bronzefenchel verleiht er dem Hummer oder der Backe vom Iberischen Schwein nicht den banalen besonderen Pfiff – sondern »harmonisiert die Aromen«. Das Interieur ist modern, hell und aufgeräumt und schmeichelt dem Auge ebenso wie die kreativ und phantasievoll angerichteten Speisen aus der Küche.

St. Johann | Burgfelderstr. 188 | Tram: Luzernerring | Tel. 0 61/5 60 60 66 | www.matisse-restaurant.ch | Mi–So 18–23.30, Bistro: Di–Fr, So 9.30–17 Uhr | €€€€

Restaurant Stucki ▶ S. 28

Rostiger Anker C1

Nah am Wasser gebaut – Das kleine Restaurant befindet sich im Hafenquartier am Dreiländereck. Gastgeberin Claudia Granacher serviert mittags

Nachwuchs im »Zolli«: Nilpferd-Dame »Helvetia« und ihr im Juli 2013 im Zoo Basel (▶ S. 101) geborenes Junges jagen übermütig Seifenblasen …

zwei Tagesmenüs sowie Pasta und legt am Abend eine kleine Karte mit vier oder fünf Gerichten auf. Klein und überschaubar, dafür liebevoll gemacht. Toll sind die Außenplätze direkt am Wasser und mit Blick auf Container, Frachter und Verladekräne.

Kleinhüningen | Hafenstr. 25a | Tram: Kleinhüningen | Tel. 0 61/6 31 08 03 | www.rostigeranker.ch | Mo, Di 11–14.30, Mi–Fr 11–23, So 10–17 Uhr | €€

Das Schiff C2

Tolle Location – Das Schiff liegt vor Anker im Hafen von Kleinhüningen und war jahrelang eine angesagte Partylocation. Mittlerweile lassen die Macher nur noch Bar- und Restaurantbetrieb zu. Hausspezialitäten sind »Bouillabaisse royale« und »Steinpilzrisotto mit confierten Tomaten und Petersilienpüree«. Einmalig ist der Platz: auf Deck ebenso wie unter Deck, traumhaft an lauen Sommerabenden.

Kleinhüningen | Westquaistr. 19 | Tram, Bus: Kleinhüningen | Tel. 0 61/6 31 42 40 | www.dasschiff.ch | Restaurant: Di–Sa 18.30–24, Sonntagsbrunch: 12–16, Bar: Di–Do 17–24, Fr, Sa 17–1, So 12 Uhr bis Sonnenuntergang | €€€

Vollmondbar

Diese Bar im Basler Hafen hat nur bei Vollmond geöffnet! Alle 29 Tage, zwölf Stunden und 44 Minuten trifft man sich zu Livemusik, offenem Feuer, Paella oder »Schüfeli und Härdöpfelsalat« (Schäufele und Kartoffelsalat) und lässt den kühlen Schein bei hoffentlich klarer Nacht wirken (▶ S. 14).

Schloss Bottmingen ▶ S. 133, C2

Historisches Ambiente – Es gibt viele gute Restaurants in Basel, und dennoch lohnt der Weg nach Bottmingen, ca. 5 km südlich von Basel: Das Schloss aus dem 13. Jh., von Wasser und einem englischen Park umgeben, kombiniert historisches Ambiente (Restaurant im Stil Louis XVI.) mit moderner französischer Küche. Seit 2011 wird das Haus von David Picquenot und Naomi Z. Steffen geführt. Appetit machen gebratene Wachtel mit Entenleberfüllung, Herbsttrüffel-Risotto, aber auch das Steinbuttfilet mit Kürbisragout, Curry und Kokosnussmilch. Wunderschön: die Terrasse am Wasser.

Bottmingen | Schlossgasse 9 | Tram, Bus: Bottmingen | Tel. 0 61/4 21 15 15 | www.weiherschloss.ch | Di–So 11.30–23 Uhr | €€€€

EINKAUFEN

Stucki C6

Die Garagen vor ihrem bekannten Gourmet-Restaurant Stucki haben Tanja und René Graf Grandits in einen kleinen Laden verwandelt. Hier verkaufen sie Antipasti, Dressings und Zutaten, mit denen die Chefköchin im Restaurant ihre Speisen zubereitet – z. B. Gewürze aus ihrer Aromenküche wie »Alge, grüne Chili und Zitronengras«.

Bruderholz | Bruderholzallee 42 | Tram: Studio Basel | Tel. 0 61/3 61 82 22 | www.tanjagrandits.ch | Di–Sa 9–18 Uhr

KULTUR UND UNTERHALTUNG

KINO

Neues Kino

In einem einst leer stehenden Gebäude haben Hausbesetzer erfolgreich und mittlerweile legal das alternative Projekt »neues kino« etabliert. Hier sollen »politisch unbequeme, ästhetisch innovative oder regional brisante Werke zur Aufführung kommen«. Die Gruppe zeigt im Sommer auf der Terrasse des Bernoulli-Silos am Hafen in 55 m Höhe Filme unter freiem Himmel. Die Veranstaltung hat Kultcharakter, weil alle hin wollen, aber die Zuschauerkapazität begrenzt ist.

www.neueskinobasel.ch
– Klybeck | Klybeckstr. 247 | Tram, Bus: Ciba, Kleinhüningen C2
– Klybeck | Bernoulli-Silo, Hafenstr. 7 | Tram: Kleinhüningen C1

THEATER UND KLEINKUNST

Gare des Enfants D3

In der Gare du Nord, einem experimentellen Zentrum für zeitgenössische Musik, hat sich die Gare des Enfants vorgenommen, Kindern Musik auf spielerische Weise näher zu bringen. Neben Musiktheater (»Wundertüte«, ab 5 Jahren) steht vor allem das mit Instrumenten untermalte Geschichtenerzählen (»S' zähni Gschichtli«, 4–7 Jahre) auf dem Spielplan.

Hirzbrunnen | Gare du Nord (im Badischen Bahnhof), Schwarzwaldallee 200 |

Tram: Badischer Bahnhof | www.gare dunord.ch | wechselnde Eintrittspreise

Figurentheater im Goetheanum
▶ S. 133, b 2

Die Puppenbühne der Anthroposophischen Gesellschaft, ca. 15 km von Basel entfernt, widmet sich den Märchen der Gebrüder Grimm. Im Grundsteinsaal des Goetheanums werden »Rapunzel« und »Rotkäppchen«, »Dornröschen« oder »Das Eselein« aufgeführt. Aber auch Erzählungen von Christian Morgenstern oder Johann Wolfgang von Goethe (»Das Märchen von der grünen Schlange und der schönen Lilie«) stehen auf dem Plan. Das Besondere: Die Stücke werden in ihrer ursprünglichen Fassung vorgelesen, Marionetten, Hand- oder Tischpuppen begleiten die Geschichten auf der Bühne. Mit farbenfrohen Kostümen und einer harmonischen Beleuchtung will das Theater »die Poesie und den verborgenen Zauber der Märchen« vermitteln.

Dornach | Rüttiweg 45 | Bus: Dornach, umsteigen in Bus 66: Goetheanum | Tel. 0 61/7 06 44 44 | www.goetheanum-buehne.ch | Eintritt ab 15 SFr., Kinder 8 SFr.

Kulturprojekt Ostquai C1

Kunst meets Industry: Das Kulturzentrum nutzt die ehemaligen Landwerkstätten und Büros des Transportunternehmens Neptun AG im Basler Hafen für Veranstaltungen, als Atelierhaus und Werkstatt. Immer wieder Konzerte, Lesungen und Ausstellungen.

Kleinhüningen | Hafenstr. 25 | Tram: Kleinhüningen | Tel. 0 61/6 31 11 83 | www.ostquai.ch

Das Gourmet-Restaurant im Weiherschloss Bottmingen (▶ S. 104) vereint romantisches Ambiente im Louis-seize-Stil mit einer erstklassigen Gastronomie.

MUSEEN UND GALERIEN

Basel liebt die schönen Künste: Mehr als 40 Museen und zig Galerien unterschiedlicher Ausrichtung werben um die Gunst der kunstbeflissenen Besucher. Kein Wunder, dass Basel als Kulturhauptstadt der Schweiz gilt.

Basel kann sich einer erstaunlichen Anzahl an Museen rühmen. Mehr als 40 sind es, wenn man die in der Peripherie großzügig mitzählt. Deutsche Städte mit einer vergleichbaren Bedeutung und Einwohnerzahl wie Basel weisen – wie die Landeshauptstädte Saarbrücken oder Mainz – nicht einmal die Hälfte auf. Die Besucher goutieren das variantenreiche Angebot: Seit 1999 steigt der Andrang im Schnitt auf 1,35 Mio. Besucher jährlich. Ausreißer nach oben verzeichnete die Statistik beispielsweise 2004. Da war allein die Tutanchamun-Ausstellung im Antikenmuseum mit 620 000 Eintritten für mehr als ein Drittel der 1,7 Mio. Museumsbesucher verantwortlich. 2009 lockte die Van-Gogh-Schau 550 000 Zuschauer ins Kunstmuseum Basel. Damals gelang es nach langer Zeit erstmals, die **Fondation Beyeler** als bestbesuchtes Haus des Kantons abzulösen. Die Fondation mit dem Museumsbau von Renzo Piano ist mit Werken von

◄ Design in Reinform: das Vitra Design
Museum (▶ S. 118) in Weil am Rhein.

Max Ernst, Joan Miró, Piet Mondrian, Jackson Pollock seit 1997 im »Dorf Riehen« ein Anziehungspunkt für Kunstinteressierte aus aller Welt. Das **Museum Tinguely** 9 an der Wettsteinbrücke konnte schon 2010 den zweimillionsten Besucher in seiner 14-jährigen Geschichte begrüßen.

KUNST: ZEITGENÖSSISCH UND ZENTRAL

In den internationalen Medien sorgt zudem das Schaulager in Münchenstein bei Basel mit einer einzigen Schwerpunktausstellung pro Jahr für Diskussionsstoff in der Welt der zeitgenössischen Kunst. Für die Mehrzahl der Basler Museen muss man jedoch kaum die Tram nach Riehen oder Münchenstein bemühen. Am zentralen Barfüsserplatz findet sich im Umkreis von etwa 500 m eine große Sammlung hochkarätiger und spannender Ausstellungshäuser.

Wer diese Vielfalt ausgiebig genießen möchte, muss, wie in der Fondation Beyeler, bis zu 25 SFr. Eintritt zahlen. Da kann es sich lohnen, auf Kombitickets zu setzen. Das Historische Museum Basel mit dem kostbaren Münsterschatz bietet für seine vier Standorte ein gemeinsames Ticket für 18 SFr. statt 26 SFr. im Einzelverkauf an. Wer gar nichts bezahlen möchte, geht am ersten Sonntag im Monat hin: Dann ist der Einlass frei. Das gilt übrigens für das Antikenmuseen und das Naturhistorische Museum – nicht jedoch für dortige Sonderausstellungen.

KUNSTGENUSS MIT DEM MUSEUMSPASS

Kunstfreunde werden mit dem Museumspass am besten fahren: Er gilt 48 Stunden lang, kostet 46 SFr. oder 28 € und gilt nicht nur in den Basler Museen, sondern in mehr als 250 Häusern in Deutschland, Frankreich und der Schweiz. Hört sich gut an, ist aber nicht jedermann zu empfehlen. Es lohnt sich in der Regel erst, wenn man vier Museen in zwei Tagen besichtigt und zugleich in der Lage ist, die Eindrücke der vielen Bilder, Skulpturen und Präsentationen zu verarbeiten. Ansonsten ist es mehr Stress denn Genuss. Und wer will schon in zwei Tagen kreuz und quer durch das Dreiländereck rasen, um möglichst viele Häuser abzuarbeiten. Wer beispielsweise plant, das **Vitra Design Museum** 10 im deutschen Weil am Rhein zu besuchen (und dabei auch die empfehlenswerte Architekturführung mitzumachen), sowie das Museum Tinguely und die Fondation Beyeler, spart immerhin 10 SFr.

MUSEEN

Antikenmuseum Basel und Sammlung Ludwig C 4

Das Antikenmuseum hat sich ganz der Kunst und Kultur der Mittelmeerländer verschrieben. Seine Sammlung an Goldschmuck, Bronzestatuen oder Gefäßen aus Griechenland, Etrurien, Italien und Ägypten erstreckt sich vom 4. Jh. v. Chr. bis zum 6. Jh. n. Chr. Die Ausstellungen werden immer wieder mit Installationen moderner Kunst verknüpft, um einen »Dialog zwischen Antike und Gegenwart« entstehen zu lassen. Daneben werden spannende Sonderausstellungen organisiert, z. B. »Agatha Christie und der Orient«. Wer weiß schon, dass die Krimiautorin (»Tod auf dem Nil«) mit einem Archäologen verheiratet war, den sie auf seinen Reisen begleitete?
Altstadt Grossbasel | St. Alban-Graben 5 | Tram: Kunstmuseum | www.antikenmuseumbasel.ch | Di–So 10–17 Uhr | Eintritt 20 SFr., Kinder frei

Basler Papiermühle D 4

Diese privat geführte Mühle versteht sich als Arbeitsmuseum: Parallel zur Ausstellung wird an historischen Druckmaschinen gearbeitet, Visiten- und Einladungskarten, aber auch ganze Bücher gedruckt sowie Papier geschöpft. Die Stegreif- und die Gallicianmühle, die heute das Museum beherbergen, gehörten einst zu zwölf Mühlen, deren Räder durch das Wasser aus dem St. Alban-Kanal in Schwung gehalten wurden. Von 1453 bis 1924 wurde hier Papier hergestellt. Die Ausstellung zeigt die Geschichte der Schrift und präsentiert unterschiedliche Apparaturen, von einer Titelzeilenpressmaschine bis zu der Nachbildung einer Buchdruckpresse, wie sie Johannes Gutenberg benutzte.
St. Alban | St. Alban-Tal 37 | Tram: Kunstmuseum | www.papiermuseum.ch | Di–Fr, Sa 11–17, Sa 13–17 Uhr | Eintritt 15 SFr., Kinder 9 SFr.

Cartoonmuseum Basel C 4

In St. Alban-Vorstadt, nahe dem Kunstmuseum, hat sich 1996 in einem sanierten Altbau ein Museum einer etwas anderen Variante moderner Kunstfertigkeit gewidmet: den Karikaturen und Cartoons, von denen viele, wie z. B. die Reihe »Herr Sondermann« von Bernd Pfarr, aus arrivierten Medien wie der Satirezeitschrift »Titanic« bekannt sind. Die Macher können auf 3000 Originale zuzüglich 2000 Leihgaben von Künstlern aus 40 Ländern zurückgreifen. Schwerpunkte setzt das Museum mit Sonderausstellungen.
St. Alban | St. Alban-Vorstadt 28 | Tram: Kunstmuseum | www.cartoonmuseum.ch | Di–Fr 14–18, Sa, So 11–18 Uhr | Eintritt 9 SFr., Kinder frei

Dreiländermuseum Lörrach
▶ S. 133, c 1

Die Nordwestschweiz, Südbaden und das Oberelsass bilden einen länderübergreifenden Wirtschaftsraum, die RegioTriRhena, in der 2,3 Millionen Menschen leben. Was verbindet sie, wo unterscheiden sie sich? Diesen Fragen widmet sich das Dreiländermuseum und macht Gemeinsamkeiten in Sprache, Architektur und Kultur fest. Originalexponate und Hörstationen weisen auf Meilensteine der Geschichte vom Mittelalter bis in die Gegenwart hin und machen verständlich, warum

Die von Stararchitekt Renzo Piano gestaltete Fondation Beyeler (▶ S. 109) beherbergt unter ihrem Dach Gegenwartskunst und Klassiker der Moderne.

Menschen einer Region heute in drei verschiedenen Staaten leben. Kinder sind übrigens herzlich willkommen: regelmäßig werden Führungen zielgruppengerecht angeboten, z. B. Leben auf der Burg Rötteln; buchbar unter Tel. 07621/415-150.

Lörrach | Basler Str. 143 | S-Bahn 6: Lörrach, Museum | www.dreilaendermuseum.eu | Mo, Di 9–12, Mi–Fr 9–12, 14–17 Uhr | Eintritt 2 €, Kinder frei

Fondation Beyeler ▶ S. 133, c1

Zehn Jahre lang waren Werke von Anselm Kiefer nicht im deutschsprachigen Raum zu sehen. Den Bann brach als erstes Museum die Fondation Beyeler, 1997 eröffnet und konstruiert von niemand Geringerem als Renzo Piano, dem Architekten des Centre Pompidou in Paris. 2001 holte die Direktion die Arbeiten des kontrovers diskutierten Malers nach Riehen bei Basel und sorgte für Publicity in den Feuilletons. Dies ist nur ein Beispiel für das publikumswirksame Engagement der Kuratoren. Aber auch in der Standardausstellung dürften selbst mäßig Kunstinteressierte über die Ansammlung berühmter Namen der klassischen Moderne staunen:

Max Ernst, Joan Miró, Piet Mondrian, Jackson Pollock. Die Stiftung wurde von dem berühmten Basler Galeristenpaar Hildy und Ernst Beyeler initiiert; den Grundstock bilden die Kunstwerke ihrer fast 50-jährigen Sammlertätigkeit.
Nebenbei bemerkt: In dem kleinen Park des Museums steht eine Skulptur der Architekten Herzog & de Meuron.
Riehen | Baselstr. 101 | Tram: Fondation Beyeler | www.fondationbeyeler.ch | Mi 10–20, Do–Di 10–18 Uhr | Eintritt 25 SFr., Jugendliche 6 SFr., Kinder frei

Froschmuseum ▶ S. 133, c 2

Frösche aus Karton und Keramik, Marzipan und Metall, Frösche als Nagelbürste und Seifenspender, auf Weinflaschen und Zahnbürsten – dieses private Museum vor den Toren Basels ist mit rund 15 000 Exponaten eines der erstaunlichsten der Umgebung.
Münchenstein | Grabenackerstr. 8 | Tram: Gartenstadt | www.froggy.ch | 1. So im Monat 14–17 Uhr | Eintritt frei

Haus für elektronische Künste Basel ▶ S. 133, c 2

Digitale Kunst hat in Basel starke Fürsprecher mit Shift, dem Festival für elektronische Künste, sowie der DA Collection, einer Sammlung für digitale Medienkunst. Seit Mitte 2011 präsentieren sich diese Initiativen unter einem gemeinsamen Dach. Das Haus für elektronische Künste bietet zeitgenössische Kunst und Musik, die mit neuen Technologien arbeitet, und vernetzt nationale und internationale Akteure.
Münchenstein | Oslostr. 10 | Tram: Ruchfeld | www.haus-ek.org | Mi–Fr 17–20, Sa, So 13–20 Uhr (während Ausstellungen) | Eintritt frei

Hoosesagg-Museeum

Das Haus Nr. 31 im schnuckeligen Imbergässlein wurde in Basels kleinstes »Museeum« umgewandelt. Dort kann seither jedermann ausstellen, was ihm wichtig ist: So waren beispielsweise schon Sammlungen von Ferrari-Spielzeugmodellen oder Quietsche-Entchen zu sehen (▶ S. 15).

Historisches Museum Basel (HMB)
Museum für Geschichte C 4

Die einstige Bettelordenskirche der Franziskaner ist schon seit 1894 Sitz des HMB. Das Museum in der renovierten Kirche erforscht, bewahrt und dokumentiert die Entwicklung der Kunst, des Handwerks und der Alltagskultur Basels und des Oberrheingebiets mit Schwerpunkten im Mittelalter, der Renaissance und der Barockzeit. Zu den Höhepunkten der Sammlung zählt der Münsterschatz mit den Kostbarkeiten, die das Bistum Basel in fünf Jahrhunderten angesammelt hat. Allerdings handelt es sich nur noch um ein Drittel des ursprünglichen Bestandes, den anderen Teil hat der Kanton Basel-Land im 19. Jh. aus Geldmangel versteigert. Außerdem im Depot: der Nachlass des Humanisten Erasmus von Rotterdam sowie die Überreste aus dem Basler Totentanz: So werden jene bemalten 58 m der Friedhofsmauer bezeichnet, die die Predigerkirche umgaben und allegorisch darauf verweisen, dass der Tod jeden, unabhängig von Stand und Vermögen, erreicht. Der Totentanz zeigte ursprünglich 37 lebensgroße, tanzende Paare. 1805 rissen

Bürger die Mauer jedoch ein, weil sie immer mehr verfiel.

Altstadt Grossbasel | Barfüsserplatz | Tram: Barfüsserplatz | www.hmb.ch | Di–So 10–17 Uhr | Eintritt 12 SFr., Kinder frei

Museum für Musik C4

Die Instrumentensammlung des Historischen Museums ist mit rund 3000 Exponaten die größte der Schweiz. Die Instrumente stammen fast ausschließlich aus Europa und reichen bis ins 16. Jh. zurück. Der Schwerpunkt liegt auf Blechblasinstrumenten, unter denen eine Langtrompete von 1578 die älteste ist. Das Museum hat seine Räume im Lohnhof, einem Komplex, der zunächst als Kloster, später als Bauhof benutzt wurde, in dem die Arbeiter ihren Sold ausbezahlt bekamen. Von 1835 bis 1995 dienten die Räume als Gefängnis. Heute sind in den ehemaligen Zellen 650 Instrumente zu bestaunen. An interaktiven Monitoren kann der Besucher mehr als 300 Musikstücke anklingen lassen.

Altstadt Grossbasel | Im Lohnhof 9 | Tram: Musik-Akademie | www.hmb.ch | Mi–Sa 14–18, So 11–17 Uhr | Eintritt 7 SFr., Kinder frei

Museum für Pferdestärken

südl. E6

Das Kutschenmuseum befindet sich im Merian-Park Brüglingen (▶ S. 98) nahe der Gewächshäuser des Botanischen Gartens. Es zeigt Postwagen, Luxuskutschen, gewerbliche Fuhrwerke sowie Schlitten und dokumentiert somit die Mobilität in der vormotorisierten Ära.

St. Jakob | Vorder Brüglingen | Tram: Neue Welt, St. Jakob | www.hmb.ch | Mi, Sa, So 14–17 Uhr | Eintritt frei

Schon die Glasmalereien der Basler Künstler Charles Hindenlang und Otto Staiger am Eingang des Kunstmuseums Basel (▶ S. 112) sind ein Blickfang.

Museum für Wohnkultur/ Haus zum Kirschgarten C5

Das zwischen 1775 und 1780 für den Basler Seidenbandfabrikanten Johann Rudolf Burckhardt erbaute Palais dient heute als Ausstellungsraum für die Basler Wohnkultur des 18. und 19. Jh., darunter befinden sich auch Spielzeug und Silber dieser Epochen. Bedeutsam ist darüber hinaus die kostbare Porzellan- und Uhrensammlung. Imposantes Treppenhaus und schöne Sandsteinfassade.
Vorstädte | Elisabethenstr. 27–29 | Tram: Kirschgarten | www.hmb.ch | Di–Fr, So 10–17, Sa 13–17 Uhr | Eintritt 7 SFr., Kinder frei

Kunsthalle Basel C5

Einer der bedeutendsten Basler Architekten seiner Zeit war Johann Jakob Stehlin d. J. (1826–1894). Er baute die Merian-Villa in Brüglingen (▶ S. 98) um und konstruierte neben der Hauptpost das universitäre Institut Bernoullianum sowie die Kunsthalle, deren Grundstein 1869 gelegt wurde. Bis zum Neubau des Theaters bildete die Kunsthalle eine Einheit mit dem alten Stadttheater. Spannend: Die traditionsreichen Mauern bilden heute den Rahmen für avantgardistische Kunst, Performances, Lesungen und Multimedia-Installationen. Und das mit hoher Reputation: Direktor Adam Szymczyk wurde zum künstlerischen Leiter der documenta 14 im Jahr 2017 berufen.
Übrigens: Im Eintrittspreis ist auch der Besuch des benachbarten Architekturmuseums inbegriffen.
Vorstädte | Steinenberg 7 | Tram: Barfüsserplatz | www.kunsthallebasel.ch | Di, Mi, Fr 11–18, Do 11–20.30, Sa, So 11–17 Uhr | Eintritt 10 SFr., Kinder frei

Kunstmuseum Basel C5

Das Kunstmuseum zählt zu den bedeutendsten Ausstellungsstätten der Schweiz und genießt internationale Reputation. Das Konzept spannt einen weiten Bogen, angefangen mit Gemälden oberrheinischer Künstler vom 15. bis 17. Jh., darunter Lucas Cranach d. Ä., Matthias Grünewald, Konrad Witz, Martin Schongauer, über die Arbeiten der Holbein-Familie bis hin zu Werken aus dem 19. und 20. Jh. Darunter finden sich der Basler Arnold Böcklin, Edgar Degas oder Anselm Feuerbach sowie kubistische Werke von Pablo Picasso, Fernand Léger oder Georges Braque. Der deutsche Expressionismus ist mit Wassily Kandinsky, Franz Marc oder Ernst Ludwig Kirchner vertreten, der abstrakte Expressionismus z. B. mit Robert Motherwell oder Mark Tobey.
St. Alban | St. Alban-Graben 16 | Tram: Kunstmuseum | www.kunstmuseumbasel.ch | Di–So 10–18 Uhr | Eintritt 15 SFr., Jugendliche 8 SFr., Kinder frei

Museum für Gegenwartskunst D4

Dieses Museum ist eine Abteilung des Kunstmuseums Basel und liegt am Rheinufer in der Nähe der Papiermühle. 1980 konstruierten die Architekten Katharina und Wilfrid Steib einen Stahlglasbau als Erweiterung einer alten Papierfabrik und schufen das weltweit erste Museum, das sich ausschließlich der zeitgenössischen Kunst ab 1960 widmet. Dass das Haus überhaupt gegründet werden konnte, ist auf eine typische Basler Erfolgsgeschichte zurückzuführen: Die Baukosten trug die Hoffmann-La Roche-Erbin Maja

Nouveau Réalisme: Die fantasievollen Maschinenskulpturen im Museum Tinguely (▶ S. 114) geben einen Einblick in die Schaffensphasen des Schweizer Künstlers.

Sacher – die sich an ihrem 80. Geburtstag überaus generös und großzügig zeigte. Grund und Boden spendierte die Christoph-Merian-Stiftung.
St. Alban | St. Alban-Rheinweg 60 | Tram: Kunstmuseum | www.kunstmuseumbasel.ch | Di–So 11–18 Uhr | Eintritt 21 SFr., Jugendliche 8 SFr., Kinder frei

Museum der Kulturen Basel C4

Das Völkerkundemuseum ist das größte seiner Art in der Schweiz. Bekannt ist das Haus für seine Objekte aus der Südsee, Tibet, Bali, Mexiko sowie der Maya-Kultur. Mehr als 300 000 Exponate nennt es sein Eigen, das Bildarchiv nicht mitgerechnet. Wen wundert es, dass früher lediglich deren 5 % ihren Weg in die Ausstellungen fanden. Im Herbst 2011 eröffnete das Museum nach dreijähriger Umbauphase neu. Seitdem ist auch die Dauerausstellung »Expeditionen. Und die Welt im Gepäck« der Öffentlichkeit wieder zugänglich sein. Grundlage bilden die Exponate, Film- und Tondokumente, die Basler Forscher Ende des 19. bis Mitte des 20. Jh. aus Indonesien und Osttimor, Kamerun, Vanuatu und Sri Lanka mitbrachten.

Altstadt Grossbasel | Münsterplatz 20 | Tram: Schifflände, Kunstmuseum, Bus: Schifflände | www.mkb.ch | Di–So 10–17, jeden 1. Mi im Monat 10–20 Uhr | Eintritt 16 SFr., Jugendliche 5 SFr., Kinder frei

Museum Tinguely 🎯 🏃 　 D/E 4

»Hier rattert, quietscht, kracht und pufft es. Bunter Schrott rotiert, Lampen in allen Farben blinken. Lebendigkeit, Lachen, Staunen, Entdecken ...« beschreibt das Tinguely-Museum lautmalerisch die Maschinen des Künstlers Jean Tinguely (1925–1991), der von Basel aus Paris sowie die Malerin und Bildhauerin Niki de Saint Phalle eroberte, mit der er seit 1961 verheiratet war. In den 1960er- und 1970er-Jahren bildeten sie eine der kreativsten Partnerschaften dieser Epoche. Tinguelys Maschinenskulpturen aus Plastik, Schrott oder Knochen symbolisieren für den frühen Begleiter des Basler Antiquars (und Anarchisten) Heiner Koechlin und Freund des Aktionskünstlers Yves Klein jedoch mehr als Rattern, Quietschen, Krachen und Puffen: »Ich baue in sich freie Maschinen, die ihre eigene anarchistische Freiheit, ihr eigenes Chaos, ihre Unordnung und Ordnung haben und auf ihre eigene Weise ihren Zufall erzeugen.«

Das Museum im Solitudepark ist ein Geschenk der Firma Hoffmann-La Roche an die Stadt.

🕓 Jeden Sonntag um 11.30 Uhr findet eine Führung statt, die im Eintrittspreis inbegriffen ist.

Wettstein | Paul Sacher-Anlage 2 | Bus: Tinguely Museum | www.tinguely.ch | Di–So 11–18 Uhr | Eintritt 15 SFr., Kinder frei

Naturhistorisches Museum 　 C 4

Nach dem großen Erfolg der Sonderausstellung über Dinosaurier vor einigen Jahren sind die Riesen der Urzeit mittlerweile fester Bestandteil der Exposition. Die anderen Abteilungen des Museums, das sich am Münsterplatz direkt neben dem Museum der Kulturen befindet, beschäftigen sich u. a. mit Mineralien, wirbellosen und Wirbeltieren, den Vögeln dieser Welt sowie bedrohten und ausgestorbenen Arten. Der Geologie nähern sich die Ausstellungsmacher anschaulich mit der Präsentation eines 1 kg schweren »flechtenartigen« Goldes an, auf das 2000 ein Goldsucher in einer Quarzader in Graubünden gestoßen war. Das Museum erreicht man zu Fuß ab der Tramstation Kunstmuseum über die Rittergasse und den Münsterplatz; von der Haltestelle Schifflände kommend via Rheinsprung.

🕓 Dienstag bis Samstag erhält jeder Besucher freien Eintritt, der die Ausstellung erst um 16 Uhr besucht. Außerdem ist am ersten Sonntag im Monat der Eintritt frei.

Altstadt Grossbasel | Augustinergasse 2 | Tram: Schifflände, Kunstmuseum, Bus: Schifflände | www.nmb.bs.ch | Di–So 10–17 Uhr | Eintritt 7 SFr., Jugendliche 5 SFr., Kinder frei

Pantheon Basel Museum ▶ S. 133, c 2

Garage, Werkstatt und Ausstellungsraum in einem: Auf einer 250 m langen, spiralförmigen Rampe in einer verglasten, kreisrunden Halle hat sich in Muttenz, rund 8 km südöstlich vor den Toren der Stadt, das größte Oldtimermuseum der Schweiz etabliert. Das Konzept erlaubt aber auch Ausflüge in die Welt der Zweiräder. Deshalb stellt das Hochrad von Albert Aichele (1865–1922) das Prunkstück dar. Es ist das nur 10 kg schwere Vehikel, mit dem der Basler 1887 in München den Weltrekord in 37,078 km/h aufgestellt hatte. Ungewöhnlich: Das Konzept erlaubt Besuchern, bei Restaurierungsarbeiten zuzuschauen. Im angeschlossenen Restaurant serviert man außergewöhnliche kulinarische Leckerbissen wie etwa den »Bugatti-Teller«.

Muttenz | Hofackerstr. 72 | Tram: Käppeli | www.pantheonbasel.ch | Mo–Fr 10–17.30, Sa, So 10–16.30 Uhr | Eintritt 10 SFr., Jugendliche 7 SFr., Kinder frei

Pharmazie-Historisches Museum
B 4

Wo wäre in Basel ein Museum für Arzneimittelkunde besser untergebracht als im Haus »Zum vorderen Sessel«? Schließlich lebte hier im 16. Jh. für kurze Zeit der Arzt und Naturforscher Paracelsus, bekannt für seine steten Konflikte mit der Schulmedizin. Heute gilt die nach ihm benannte Paracelsus-Medaille als höchste Auszeichnung innerhalb der Ärzteschaft. Das Museum informiert über Entwicklungen und Irrungen der Heilmittel und zeigt Instrumente und Gefäße der damaligen Apotheken. Mit dem Inventar einer historischen Apotheke ist der Museumsladen ebenfalls bestückt, das Herbarium: In dem Kräuterladen kann man Kosmetika, Seifen, Kräuter, Süßigkeiten und Utensilien wie Mörser und andere Gefäße kaufen.

Altstadt Grossbasel | Totengässlein 3 | Tram: Marktplatz | www.pharmazie museum.ch | Di–Fr 10–18, Sa 10–17 Uhr | Eintritt 8 SFr., Kinder frei

Nostalgische Karossen bringen im Pantheon Basel (▶ S. 114), einer Kombination aus Museum, Garage und Werkstatt, das Herzblut von Oldtimer-Fans in Wallung.

Schaulager ▶ S. 133, C2

Fast nahtlos geht Basel im Süden mit der Gemeinde Münchenstein in den Bezirk Arlesheim über. Hier öffnete 2003 das von Herzog & de Meuron entworfene Schaulager seine Pforten, in dem jene Kunstwerke der Emanuel-Hoffmann-Stiftung untergebracht sind, die nicht im Basler Kunstmuseum und dem Museum für Gegenwartskunst Eingang finden. Die schlechte Nachricht: Diese Exponate sind nur einem Fachpublikum zugänglich! Die gute: Einmal im Jahr organisieren die Macher eine Ausstellung für die Öffentlichkeit, die mit umso mehr Spannung erwartet wird. 2010 war z. B. der US-amerikanische-Medienkünstler Matthew Barney zu Gast, dessen Skulpturen, Schauvitrinen, Zeichnungen und Videos das Ergebnis eigenwilliger Performances ist. 2013 gehörte die Aufmerksamkeit den Arbeiten des britischen Fotografen und Videokünstlers Steve McQueen.

Münchenstein | Ruchfeldstr. 19 | Tram: Schaulager | www.schaulager.org | ca. Mitte März–Sept. Di, Mi, Fr 12–18, Do 12–22, Sa, So 10–18 Uhr | wechselnde Eintrittspreise

Schweizerisches Architekturmuseum C5

Vor mehr als 20 Jahren drohte dem Domus-Haus, einem der wenigen herausragenden Bauten der 1950er-Jahre, das Basel aufzuweisen hat, der Verfall. Eine Stiftung setzte sich für die Erhaltung ein und legte dort nach der Restaurierung den Grundstein für das Architekturmuseum. Schwerpunkte der Sammlung sind die Schweizer Architektur des 20. Jh., zeitgenössische internationale Architektur sowie deren Schnittpunkte zu Kunst oder Fotografie.

Vorstädte | Steinenberg 7 | Tram: Barfüsserplatz | www.sam-basel.org | Di, Mi, Fr 11–18, Do 11–20.30, Sa, So 11–17 Uhr | Eintritt 10 SFr. (inkl. Kunsthalle)

Skulpturhalle B4

Die Skulpturhalle nennt etwa 2200 Abgüsse griechischer und römischer Plastiken ihr Eigen und gehört zu den wichtigsten Abguss-Sammlungen weltweit. Einmalig ist die komplette Nachbildung des Parthenons auf der Athener Akropolis im verkleinerten Maßstab.

Am Ring | Mittlere Str. 17 | Bus: Bernoullianum | www.skulpturhalle.ch | Di–Fr 10–17, Sa, So 11–17 Uhr | Eintritt 15 SFr., Jugendliche 5 SFr., Kinder frei

Spielzeug Welten Museum Basel C5

Vier Etagen, 1000 qm, 6000 Exponate: Das Puppenhausmuseum ist das größte seiner Art in Europa. Die Teddybärsammlung – der älteste stammt bereits aus dem Jahr 1904 – ist mit mehr als 2500 Exemplaren gar die größte der Welt. Sein Hauptaugenmerk legt das Museum auf Kaufmannsläden und Puppenhäuser. Viele stammen aus Spenden von Liebhabern, die sie aus den Kinderzimmern ihrer Urgroßeltern geerbt haben, andere wurden speziell für Repräsentationszwecke angefertigt. Sonderausstellungen sprechen nicht nur Freunde historischen Spielzeugs an, so z. B. »Das Bernsteinzimmer en Miniature im Maßstab 1:12«.

Altstadt Grossbasel | Steinenvorstadt 1 | Tram: Barfüsserplatz | www.spielzeug-welten-museum-basel.ch | tgl. 10–18 Uhr | Eintritt 7 SFr., Kinder frei

Schaulager (▶ S. 116), ein interessanter Mix aus Museum und Kunstlager: Die Außenfassade gestaltete das renommierte Basler Architekturbüro Herzog & de Meuron.

Spielzeugmuseum Riehen 👣

▶ S. 133, c 1

Im Dorf Riehen steht ein historisches Gebäude, dessen Besuch allein sich schon lohnt. Es ist der frühere Landsitz des Basler Bürgermeisters und Diplomaten Johann Rudolf Wettstein (1594–1666). 17 sorgsam restaurierte Räume mit 460 qm Ausstellungsfläche beherbergen heute ein Dorf- und Rebbaumuseum, vor allem aber das Spielzeugmuseum mit einer Achterbahn von 1930 oder Spielzeugautos aus Blech und Metallguss. Überraschend, wie groß die Exponate teilweise sind. Der Feuerwehrleiterwagen misst geschätzte 50 cm, das Ruderboot ebenso. Natürlich dürfen Kaufläden und Puppenküchen nicht fehlen, in denen Elektroherde mit Stromkabel (!) von Märklin im Zentrum stehen.

Der Besuch lohnt sich, wenn die Sonderausstellung ebenfalls das Interesse der Besucher weckt. Das dürfte aber bei »Press Start to Play – Videospiele erleben«, »Lego – Bau dir deine Welt« oder »Tempo Tempo! Kleine schnelle Autos« nicht schwer fallen. Übrigens: Anfassen und Ausprobieren ist immer wieder erlaubt und auch gewünscht.

Riehen | Baselstr. 34 | Tram: Riehen Dorf | www.spielzeugmuseumriehen.ch | Mo, Mi–So 11–17 Uhr | Eintritt 7 SFr., Kinder frei

Verkehrsdrehscheibe Schweiz
 C1

Im Rheinhafen informiert diese Ausstellung über die Geschichte des Transports. Sie widmet sich einerseits der Schifffahrt und veranschaulicht andererseits das Zusammenspiel der Verkehrswege Schiene, Straße und Luft. Besonders beeindruckend sind die detailgetreuen Schiffsmodelle.
Kleinhüningen | Westquaistr. 2 | Tram, Bus: Kleinhüningen | www.verkehrsdrehscheibe.ch | März–Nov. Di–So 10–17, Dez.–Feb. Di, Sa, So 10–17 Uhr | Eintritt 6 SFr., Schüler 4 SFr.

Vitra Design Museum ▶ S. 133, C1

Zugegeben, das Vitra Design Museum liegt in Deutschland, aber es ist so attraktiv, dass dafür selbst der Basler Tourismusservice seine Gäste aus der Stadt bzw. außer Landes schickt. Vitra ist als Möbelproduzent bekannt, der seine Produkte von den berühmtesten Designern der Welt gestalten lässt. 1967 beispielsweise entwickelte Verner Panton den wie eine Welle aus Kunststoff geschwungenen »Panton Chair« – noch heute ein Verkaufsschlager bei Vitra. Das Museum selbst konstruierte 1989 der kalifornische Architekt Frank O. Gehry. Mittlerweile präsentiert sich die gesamte Vitra-Produktionsstätte spektakulär gestaltet: Die Fabrikationshalle stammt von Nicholas Thomas Grimshaw, das Feuerwehrhaus von Zaha Hadid: Die britische Architektin irakischer Herkunft konstruierte den Funktionalbau ohne rechte Winkel! Die neueste Attraktion, 2010 eröffnet, konstruierte das Basler Architektenbüro Herzog & de Meuron: Beim Vitra-Haus ordneten sie 15 Einheiten, zum Teil aberwitzig in die Länge gezogen, auf fünf Ebenen an – wie von Riesenhand scheinbar lose gestapelt. Hadids Feuerwache sowie die berühmte Wand mit den 100 Stühlen sind für Museumsbesucher nur im Rahmen einer Architekturführung zu besichtigen, da sich diese Sehenswürdigkeiten auf dem Betriebsgelände befinden.
Weil am Rhein | Charles-Eames-Str. 2 | Bus: Vitra | www.design-museum.de | Mo–So 10–18 Uhr | Eintritt Museum 9 €, Kombiticket (Museum und Architekturführung) 16 €, Kinder frei

GALERIEN

Daniel Blaise Thorens Fine Art Gallery C5

Thornens renommierte Galerie (seit 1976) führt viele Schweizer Künstler, u. a. auch Gemälde des hauptsächlich als Architekten bekannten Eidgenossen Le Corbusier. Außerdem verkauft das Haus auch Werke eines Engländers namens David Robert Jones, besser bekannt als Pop-Ikone David Bowie.
Vorstädte | Aeschenvorstadt 15 | Tram: Bankverein | www.thorens-gallery.com | Di–Fr 10–12 und 14–18.30, Sa 10–12, und 14–17 Uhr

Karin Sutter C4

Karin Sutters kleine Galerie zog 2011 von St. Alban-Vorstadt auf die andere Rheinseite. Zuvor sammelte die Kunsthistorikerin Erfahrungen als freie Mitarbeiterin im Kunstmuseum Basel, bei der Art Basel und als Assistentin von

Ernst Beyeler (1921–2010) in dessen Galerie, die nach seinem Tod geschlossen wurde. Etwa acht Ausstellungen aus den Bereichen Malerei, Fotografie, Installationen und Skulptur arrangiert sie im Jahr und präsentiert moderne Positionen internationaler Künstler, darunter einige vielversprechende Nachwuchshoffnungen.

Altstadt Kleinbasel | Rebgasse 27 | Tram, Bus: Claraplatz | www.galerie-karinsutter.ch | Mi, Do 14–18.30, Fr 11–18.30, Sa 11–16 Uhr

Stampa B 4

Diego und Gilli Stampa haben sich in ihrer Szene mit der Förderung aktueller Kunst einen klangvollen Namen erarbeitet. Stampa veranstaltet neben Vernissagen und Performances auch Buchpräsentationen und Kunstseminare. In den schönen Räumen im ersten Stock am Spalenberg lohnt sich ein Besuch aber auch wegen der prächtigen Buchhandlung.

Altstadt Grossbasel | Spalenberg 2 | Tram: Marktplatz | www.stampa-galerie.ch | Di–Fr 11–18.30, Sa 10–17 Uhr

Tony Wuethrich Galerie B 5

Tony Wuethrich feierte 2003 sein zehnjähriges Jubiläum als Galerist. Seine Vorlieben gelten der zeitgenössischen Kunst. Er vertritt zahlreiche Schweizer und in der Schweiz lebende Künstler, handelt aber auch mit Werken prominenter deutscher Kollegen, darunter Georg Baselitz, A. R. Penck und Sigmar Polke.

St. Johann | Vogesenstr. 29 | Tram: St. Johanns-Tor | www.tony-wuethrich.com | Mi–Fr 14–18, Sa 11–16 Uhr sowie nach Vereinbarung

Auf vier Etagen dreht sich im Spielzeug Welten Museum Basel (▶ S. 116) alles um Puppen, Teddybären, Kaufmannsläden und entzückende Miniaturen.

Im Fokus
Basler Daig muss lange quellen

Mit »Basler Daig« werden die alteingesessenen Familien der Basler Elite bezeichnet, die seit Generationen die Geschicke in Wirtschaft und Politik lenken und eine ausgeprägte Abscheu vor Selbstinszenierung haben. Wer dazugehören will, braucht einen langen Atem!

Basel ist klein, aber eine Kulturmetropole – wohl nirgendwo sonst auf der Welt findet man in einer Stadt dieser Größenordnung an die 40 Museen und ebenso viele Galerien, ein Drei-Sparten-Schauspielhaus mit zwei Spielstätten, etwa 20 Kleintheater sowie zahlreiche Festivals klassischer und moderner Musik. Möglich machen das nicht allein die Subventionen von Stadt und Land, sondern eine Basler Besonderheit: Stiftungen und private Initiativen finanzieren kulturelle, aber auch soziale Projekte. Die bekannteste ist die Christoph-Merian-Stiftung, benannt nach dem Spross einer alteingesessenen Basler Familie, dessen Vater als reichster Mann der Schweiz galt. Christoph Merian (1800–1858) kam als Großgrundbesitzer zu Ruhm und als Spender zu Ehren. Noch zu Lebzeiten ließ er die Elisabethenkirche bauen, in deren Gruft er und seine Frau begraben liegen. Sein letzter Wille setzte die Stiftung als Vermögensverwalterin und Gattin Margaretha als Erbin ein. Nach deren Tod 1886 nahm die Fundation mit einem Kapital von etwa elf Millionen Franken die Arbeit auf und en-

◀ Berühmter Sohn der Stadt: Christoph Merian
(▶ S. 120), ein Bildnis aus dem Jahr 1855.

gagiert sich seitdem – anfänglich noch unter anderen Vorzeichen – für kulturelle und soziale Projekte, beteiligt sich an städtischen Investitionen und fördert Natur- und Umweltschutz. Sie ist Eigentümerin von mehr als 1600 Mietobjekten und stellt den größten Teil des Etats für den Botanischen Garten zur Verfügung, der im Merian-Park Brüglingen, dem ehemaligen Stammsitz der Familie, liegt.

GÖNNER UND ANDERE WOHLTÄTER

Viele Gebäude und Einrichtungen weisen auf die Christoph-Merian-Stiftung als Gönnerin hin, andere Wohltäter hingegen wirken eher im Verborgenen. Das neue Schauspielhaus in der Steinentorstrasse beispielsweise, das im Jahr 2002 seine Pforten öffnete, wurde zur Hälfte, so heißt es, von einigen vermögenden Damen finanziert. Dieser generöse Kreis will jedoch anonym bleiben, denn über Geld – das können Deutsche und Österreicher sehr wohl nachvollziehen – spricht man nicht. Der frühere Journalist und heutige Personalberater Christoph Kühnhanss mag darin gar eine »Naturhemmung« erkannt haben und analysiert ironisch: »Wer wenig verdient, ist ein schlechter, wer viel verdient, ist ein guter Mensch. Und weil wir Schweizer ja alle zu wenig verdienen ... sind wir alle schlechte Menschen. Ein tiefes Gehalt preiszugeben, ist obermegapeinlich. Deshalb arbeiten wir auch so viel. Das schlechte Gewissen! Ein Supergehalt zuzugeben, ist ebenfalls äußerst peinlich, denn es zeigt, wie viel besser man ist als all die anderen.«

Zu den Ausnahmen, die sich als Wohltäter zu erkennen geben, zählen die Mitglieder der arrivierten, wohlhabenden Familien, der berühmte »Basler Daig«. Zu ihm gehören zum Beispiel die Staehelins und die Merians, die Christs und die Hoffmanns, die Oeris, Vischers oder Sarasins. »Daig« steht für Teig, in dem wenige Zutaten so lange verrührt werden, bis die einzelnen Ingredienzien nicht mehr eindeutig zuzuordnen, allenfalls noch zu erahnen sind – wie bei den Merian-Burckhardts, Sarasin-Burckhardts und Sarasin-Merians.

Soweit die populäre Version. Der Basler Kulturhistoriker Mike Stoll führt »Daig« auf einen tieferen etymologischen Ursprung zurück: Im Mittelalter gehörten die reichen Familien zum Stadtadel, aus ihrem Kreis stammten die Ritter, die die Stadt gegen Feinde zu verteidigen hatten, schreibt er in seinem Aufsatz »Die Bedeutung des Basler Daigs«. Sie lebten in den für

Basel typischen burgähnlichen Häusern mit geschlossenem Innenhof nahe der damaligen Stadtmauern. Die Vornehmen sicherten sich die Plätze auf den Anhöhen der Stadt – der Klerus auf dem Münsterhügel, der Stadtadel auf dem Nadelberg. Im Althochdeutschen stand »Daig« für eine Wehranlage aus Mauer und Graben. Heute noch findet es sich in »Deich« wieder, dem Schutzwall vor Hochwasser.

Das gemeine Volk dagegen bevölkerte die Talseiten, je tiefer das Ansehen, desto tiefer die Wohnlage: Über den Kürschnern in der Gerbergasse lebten die Schneider, darüber – in Pfeffer- und Imbergässlein – die Händler, deren wertvollste Ware Gewürze waren.

Übrigens gab es in dieser Epoche ohne Kanalisation noch einen weiteren Grund für die vertikale Hierarchie: Müll und Fäkalien wurden einfach auf die Straße gekippt und mit dem nächsten Regen talabwärts geschwemmt, von der Birsig aufgenommen und im Rhein entsorgt. Keine Frage: Oben war die Luft am besten!

Möglicherweise widersprechen sich beide Deutungen gar nicht – sie ergänzen sich. Vielmehr könnte man sich streiten, wer seit wann dazu gehört. Der Soziologe Lucius Burckhardt fasste dies sehr eng: Nur jene Familien seien »daig«-würdig, »die schon vor der Französischen Revolution regimentsfähig waren« und somit politische Macht ausübten – wie zum Beispiel seine Ahnen, die Burckhardts, die bereits im 17. Jh. als Bürger- oder Oberzunftmeister die Stadt regierten. Der Wirtschaftshistoriker Alfred Bürgin dagegen interpretiert den Begriff sehr viel weiter: Für ihn beginnt das Quellen des »Daigs« 1833, nach der Teilung des Kantons in Basel-Stadt und Basel-Land.

NEULINGE HABEN'S SCHWER

Fest steht, dass es für einen »Neuen« schwer ist, in diesen hohen Kreisen akzeptiert zu werden – und gar unmöglich, wenn er die Regeln verletzt. Der Hedgefonds-Manager Dieter Behring, der 2004 eine Aufsehen erregende Pleite mit anschließender Untersuchungshaft hinlegte, ist heute persona non grata. Nicht einmal der Kreis der mehr oder minder Schönen und Reichen, die regelmäßig in den Klatschkolumnen auftauchen – das Pendant zur Münchner Schickeria – will ihn je gekannt haben. Denn der »Anlage-Akrobat« leistete sich diverse Fehltritte: So soll er sich in der Redaktion des Wirtschaftsmagazins »Bilanz« beschwert haben, nicht in die Liste der zehn reichsten Schweizer aufgenommen worden zu sein. Sein forsches Auftreten und die Attitüden des Neureichen machten den Zugereisten, der »erst« 35 Jahre in Basel lebte, suspekt. Als er vor Bankern des privaten Geldhauses Sarasin & Cie. »sein System« präsentierte und Renditen von 58 % versprach, stieß er auf Skepsis und soll wütend und schimpfend den Raum verlassen haben. Überdies sorgte Behring für Gesprächsstoff, als er auf einer Wohltätigkeitsveranstaltung Kunstwerke im Wert von 200 000 Franken ersteigerte und für das anschließende Essen mit einem Kolumnisten der »Basler Zeitung« 50 000 statt der üblichen 25 000 Franken bezahlte.

PROTZEN IST VERPÖNT

Solch' Verhalten verstößt gegen die guten Sitten des Geldadels, der vom Basler Pietismus geprägt ist, einem protestantisch-elitären Kodex, bei dem protziges Auftreten verpönt ist: Von der Hoffmann-La Roche-Erbin Maja Sacher wird kolportiert, dass sie stets zu Fuß in den Migros-Supermarkt ging und – wenn es bestimmte Sonderangebote gab – so viel davon kaufte, wie sie tragen konnte und sich schwer bepackt nach Hause schleppte. Böse Zungen haben sich darüber das Maul zerrissen, Wohlwollende begegneten ihr mit Respekt, wissend, dass die Dame Teile ihres Vermögens der Allgemeinheit zukommen ließ. Die Stiftung der Kunstmäzenin ermöglichte unter anderem den Bau des Museums für Gegenwartskunst. Ihrer Enkelin Maja Oeri verdankt Basel das Schaulager in Münchenstein und den künftigen Erweiterungsbau des Kunstmuseums. Dieter Behring investierte dagegen bei Restaurantbesuchen direkt in Weine (Château Pétrus, Jahrgang 1947, 28 000 SFr.) und repräsentative Immobilien: Ein vierstöckiges Wohn- und Bürogebäude in der Petersgasse 34 aus dem Jahr 1587 ließ er für 30 Millionen SFr. umbauen, inklusive 25-Meter-Schwimmbecken im dritten Untergeschoss und absenkbarem Kopfsteinpflaster, das im Innenhof den Weg in die Tiefgarage (300 qm) bahnt. Von außen noch ganz Patrizierbau aus dem Mittelalter, ist das Anwesen seit Behrings Pleite unverkäuflich. Seither warten übrigens auch die Geschädigten auf einen Prozess gegen den Zwei-Meter-Mann. Einst verwiesen goldfarbene Schilder mit der Aufschrift »Swisspulse« auf Dieter Behrings Unternehmen – und die Tafel »R. B./D. B.« auf Gattin Ruth und den Finanzjongleur selbst. Der Mann, der behauptete, den »genetischen Code« der Börse entschlüsselt zu haben, wies scheinbar bescheiden mit Initialen auf seine Person hin. Eine plumpe Anleihe beim »Daig«: Dort ist es seit vielen Generationen üblich, in den angestammten Quartieren Altstadt Grossbasel oder St. Alban lediglich die Anfangsbuchstaben auf den Briefkasten zu prägen – denn jeder weiß, wer dort wohnt; wer nicht, braucht es auch nicht zu wissen.

KUNST UND KULTUR
IN GROSSBASEL

Basel wird geprägt durch die Kunst, den Rhein und das Münster. Dieser Spaziergang führt zu den wichtigsten Sehenswürdigkeiten in Grossbasel. Er beginnt am Barfüsserplatz, führt über den berühmten Tinguely-Brunnen und den historischen Münsterplatz hinab zum Ufer des Rheins, an die sogenannte Basler Riviera. Dann geht es mit der Fähre auf die andere Seite der Stadt, nach Kleinbasel, und über St. Alban und Vorstädte wieder zurück zum Ausgangspunkt des Spaziergangs.

◀ Café des Arts (▶ S. 125) schmückt sich mit Requisiten aus Film und Fernsehen.

START Barfüsserplatz
ENDE Barfüsserplatz
LÄNGE 5 Kilometer

Der Spaziergang ist zwar nur 5 km lang, kann aber – bei Besuch der Museen – bis zu fünf Stunden dauern. Er beginnt an einem der wichtigsten Tramknotenpunkte Basels, dem Barfüsserplatz, liebevoll »Barfi« genannt. Hier findet jeden Donnerstag der sogenannte Neuwarenmarkt statt, der alles Mögliche, außer Lebensmitteln, anbietet. Das Casino vor der Kirche beherbergt eine Anlaufstelle von Basel Tourismus sowie das stylische Restaurant Kohlmanns. Gegenüber, auf der anderen Seite der Gleise, findet sich eine Reihe empfehlenswerter traditionsreicher Lokalitäten, darunter die Schänke Zum Braunen Mutz, die Bodega zum Strauss oder die Grand Rio Bar. Etwas ruhiger geht es im Café Huguenin und in der Cocktail-Bar Café des Arts zu. Letztere lohnt ebenfalls einen kurzen Besuch (Mo–Mi 11–24, Do 11–1, Fr, Sa 11–2, So 16–23 Uhr), um die zum Teil skurrilen Gemälde, Figuren und Masken zu betrachten, mit denen die Räumlichkeiten geschmückt sind.

Vom Gotteshaus zum Museum

Die Kirche, nach welcher der Barfüsserplatz benannt wurde, hatte ihre ursprüngliche Funktion bereits im 19. Jh. verloren: Heute stellt darin das Historische Museum Basel seine Sammlungen aus – darunter die Kostbarkeiten des Münsterschatzes. Rechts an der Kirche vorbei und den Steinenberg überquerend, versprüht vor dem Schauspielhaus der **Tinguely-Brunnen** ⭐ feine Wasserfontänen. Der Künstler bediente sich bei diesen Skulpturen übrigens der Requisiten des alten Theaters. Nun geht es die Stufen hinauf, vorbei am Neubau des Schauspielhauses zum Seitenschiff der Elisabethenkirche. Die Mauer gegenüber nennt sich »Rückwand« und ist ein Projekt der Kunsthalle Basel. Sie ist quasi »Leinwand« für regelmäßig wechselnde mehrmonatige Kunstwerke. An der Elisabethenstrasse fällt das Haus zum Kirschgarten auf, ein prächtiger Bürgerpalais aus dem 18. Jh., der heute zum Historischen Museum gehört. Innen zeigen die Ausstellungsmacher, wie die vornehmen Basler Familien früher lebten.

Basels Musentempel

Der Elisabethenstrasse links folgend gelangt man zur Kunsthalle Basel (Eingang links im Steinenberg), die sich mit avantgardistischen Ausstellungen und Performances zeitgenössischer Kunst einen Ruf erarbeitet hat, der Direktor Adam Szymczyk für die Leitung der documenta 14 im Jahr 2017 qualifizierte. Das nächste kulturelle Highlight wartet im St. Alban-Graben mit dem Kunstmuseum Basel, in dem auf drei Etagen Werke von alten Meistern wie Rubens und Rembrandt bis zu modernen von Picasso, Mondrian, Dalí präsentiert werden.

Wahrzeichen der Stadt

Schräg gegenüber, neben dem Antikenmuseum, betritt man nun das Luftgässlein, biegt an dessen Ende rechts in die Bäumleingasse und nach wenigen Metern links in die Rittergasse. Das

spitze Kopfsteinpflaster weist den Weg durch die urige Basler Altstadt, und es sind nur noch wenige Meter bis zum Münsterplatz und dem berühmten **Basler Münster** ⭐, dem Wahrzeichen der Stadt. Es lohnt sich, die 115 Stufen zu erklimmen, die Anstrengung wird mit einem phänomenalen Blick über die Stadt und den Rhein belohnt.
Gegenüber dem Pisonibrunnen liegt das Restaurant **Zum Isaak**, das im Innenhof auch Plätze im Freien bietet (▶ S. 68). Am Ende des Münsterplatzes dürften Feinschmecker sich im Rollerhof wohlfühlen, während Kulturfreunde das Naturhistorische Museum nebenan in seinen Bann ziehen wird.

Zeugen der Geschichte

Links führt der Spaziergang in den Schlüsselberg, wo im Vorgängerbau des Hauses Nr. 14 – dem Haus zur Mücke – im 15. Jh. Felix V. gewählt wurde. Er ging als letzter Gegenpapst in die Geschichte ein. Eine Inschrift an der Außenwand erinnert an das Ereignis und das Konzil von Basel, das von 1431 bis 1449 dauerte und u. a. mitverantwortlich dafür ist, dass sich im 15. Jh. die Papierherstellung in der Stadt ansiedelte. Bei der kommenden Gabelung halten Sie sich links und biegen nach wenigen Metern rechts in die Freie Strasse, die Shoppingmeile der Stadt. Nach 200 m öffnet sich der Marktplatz von Basel, und auf der rechten Seite fällt das prächtige **Rathaus** ⭐ aus rotem Sandstein und mit bunter Bemalung auf. Sehenswert ist vor allem auch der Innenhof und die Empore – dieses Haus ist ein Gesamtkunstwerk. Und es steht offen, darf also zu den üblichen Zeiten besichtigt werden. Im Hof fällt eine Statue mit goldfarbener Rüstung auf: Sie stellt Lucius Munatius Plancus dar, den römischen Feldherrn, der 43 oder 44 v. Chr. im heutigen Augst die Kolonie **Augusta Raurica** ⭐ gründete (was die Inschrift seines Mausoleums verrät) und später auf dem Basler Münsterhügel ein Militärlager errichtete.

Könige und Künstler

Am Ende des Marktplatzes zweigt das rechte Sträßlein, die Eisengasse, Richtung Mittlere Rheinbrücke. Wer an der folgenden Querstraße den Blick hebt, entdeckt an der Schifflände Nr. 1 die Skulptur des Lällekönigs, der den Kleinbaslern spöttisch die Zunge hinausstreckt. Die Schifflände mündet in den Blumenrain, an der Stelle, wo auf der rechten Seite das renommierteste Hotel der Stadt, das Les Trois Rois, seine Gäste empfängt. 1681 erstmals erwähnt, bot es illustren Gästen wie Napoleon Bonaparte, Richard Wagner und Pablo Picasso, Willy Brandt und dem Dalai Lama Unterkunft. Wer fein essen möchte, ist im Hotelrestaurant Cheval Blanc gut aufgehoben.
Der Spaziergang führt wenige Meter hinter dem Hotel zum Rheinufer hinab und wechselt mit der Klingental-Fähre, auch Vogel-Gryff-Fähre genannt, auf die andere Flussseite (April–Okt. 7–19, Nov.–März 11–17 Uhr, 1,60 SFr.). Hier spaziert es sich rechter Hand herrlich am Ufer des Rheins entlang, an der sogenannten **Basler Riviera** 6.

Ein Hauch von Côte d'Azur

Besonders bei schönem Wetter sollte man hinter der Mittleren Rheinbrücke Platz auf den Stufen am Ufer nehmen und den Blick auf Fluss und Münster genießen. Im Sommer treffen sich die Kleinbasler bei jeder noch so kleinen Gelegenheit hier zu einer kurzen Auszeit. Die Promenade führt noch ein gutes Stück weiter am großen Fluss entlang. Es ist der Obere Rheinweg, der durch seine vielen Bäume und Ruhebänke wie eine Allee wirkt. Hier passieren mächtige Tanker den Rhein, aber auch Ruderer in Trainingskanus. An den Stellen, wo Boote ins Wasser gelassen werden, sonnt sich ein Pärchen wie im Freibad, und im Rhein ragt nicht selten ein Kopf neben einem Plastiksack aus dem Wasser: ein Rheinschwimmer mit seinem »Wickelfisch«, wie die wasserdichten Behältnisse heißen, in denen Kleidung und Handtuch Schutz vor Feuchtigkeit finden. Hinter der Wettsteinbrücke pendelt die **St. Alban-Fähre** ⭐ regelmäßig zwischen Klein- und Grossbasler Seite.

Dort sieht man nach der Ankunft links schon den Letziturm, der Teil der alten Stadtmauer ist, die hier am Originalplatz wieder aufgebaut wurde. Gegenüber dem Anlegeplatz lädt das Papiermuseum, die Basler Papiermühle, ein, die Geschichte des Drucks und der Schriften zu erkunden. Rechts führt der Weg zum Ausgangspunkt zurück, der noch mit ein paar spannenden Zwischenstationen aufwartet. Nach etwa 200 m führt links der Mühlenberg hoch, vorbei am Cartoonmuseum und dem Erweiterungsbau des Kunstmuseums an der Ecke zum St. Alban-Graben. Jetzt treffen die Wege auf den Beginn des Spaziergangs: geradeaus die Rittergasse beschreiten, erste Straße links – die Bäumleingasse –, die Einkaufsmeile Freie Strasse kreuzen, und über die Barfüssergasse geht es zurück zum »Barfi«.

Weithin sichtbar: Burg Birseck im Baselbiet, einst Sitz des bischöflichen Landvogts (▶ S. 131).

DAS UMLAND ERKUNDEN

BASELBIET – LANDPARTIE ZU STOLZEN KIRCHEN UND IDYLLISCHEN GÄRTEN

CHARAKTERISTIK: Der größte englische Landschaftsgarten der Schweiz liegt in Arlesheim, etwa 15 km von Basel entfernt, und ist ein beliebtes Naherholungsziel der Basler. Ein Besuch lohnt und lässt sich verbinden mit einer Besichtigung des Doms und Schloss Birseck sowie einer zünftigen Einkehr in einer der Beizen auf dem Land **ANFAHRT:** Mit dem Auto führt die Anfahrt über die Autobahn Richtung Zürich sowie die A 18 Richtung Delémont. Nach der Ausfahrt Reinach-Süd weisen die Schilder nach Arlesheim **ÖFFENTLICHE VERKEHRSMITTEL:** Vom Hauptbahnhof mit der Tram 10 Richtung Dornach, Station Arlesheim (nur Arlesheim und Ermitage) **DAUER:** Tagesausflug **EINKEHRTIPPS:** Gasthof zum Ochsen, Ermitagestr. 16, Arlesheim, Tel. 0 61/7 06 52 00, www.ochsen.ch, Mo–Sa 11.30–14.30, 18–24, So 11.30–14.30, 18–22 Uhr €€ | Bergwirtschaft Blauen Reben, Nenzlingerweg 57, Blauen, Tel. 0 61/7 63 14 14, www.blauenreben.ch, bis Aug. Mi, Do 11–22, Fr 17–24, Sa 11–24, So 11–18, ab 1. Sept. Mi, Do 11–17, Fr 17–24, Sa 11–24, So 11–18 Uhr €€
KARTE: S. 133, c 2

Ins Baselbiet weichen die Städter aus, wenn sie Ruhe und Entspannung suchen. Und dafür müssen sie nicht weit fahren: Arlesheim und seine ländlichen Nachbargemeinden Reinach oder **Dornach** liegen nur knapp 15 km südlich von Basel.

Dornach, der Nachbarort von Arlesheim, ist Sitz der Anthroposophischen Gesellschaft, deren Gründer Rudolf Steiner (1861–1925) heute u. a. durch die Waldorfschulen der Öffentlichkeit bekannt ist. Hier ließ er 1913 das erste **Goetheanum** im Rüttiweg errichten. Allein die kolossale Form dieses sich an organischen Vorbildern orientierenden Zentrums mit expressionistischen Einflüssen beeindruckt.

Dornach ▶ Arlesheim

Weniger expressionistisch, aber ebenso ausdrucksstark präsentieren sich die Sehenswürdigkeiten in **Arlesheim**, 2 km von Dornach entfernt. Über die Goetheanumstrasse (rechts abbiegen) und den Dornachweg erreicht man schnell die Gemeinde mit ihren rund 9000 Einwohnern. Nach wenigen Metern passiert man die Domstrasse, die rechts zum **Arlesheimer Dom** führt, neben **Burg Reichenstein** sowie der kleinen Parkanlage Ermitage und Schloss Birseck Hauptanziehungspunkt und Wahrzeichen des Ortes.

Das Bistum Basel erkor Arlesheim 1679 zum Sitz des Domkapitels. Bereits nach der Reformation musste der Bischof Basel verlassen und war nach Freiburg im Breisgau geflohen. Als die Franzosen im 17. Jh. die badische Stadt besetzten, kehrten die katholischen Würdenträger in die Schweiz zurück. Nach nur zwei Jahren Bauzeit konnten sie den Dom 1681 einweihen. Die Renovierung im Jahr 1759 mit den wundervollen Deckenfresken und dem Altarbild von Giuseppe Appiani sowie die fein ziselierten Stuckarbeiten verliehen der ursprünglich barocken Kirche ihr heutiges Rokoko-Antlitz. Während der Französischen Revolution verließen die Gottesmänner endgültig den Ort. Seit 1812 dient er der Gemeinde Arlesheim als Pfarrkirche und erfreut sich regelmäßiger Renovierungsarbeiten. Ein Schmuckstück ist die Orgel des elsässischen Orgelbauers Johann Andreas Silbermann von 1761.

Dom ▶ Ermitage

Hinter dem Dom führt die Ermitagestrasse am Dorfbach entlang in den größten englischen Landschaftsgarten der Schweiz, die **Ermitage**. Schon auf dem Weg dorthin sieht man auf einem Berg **Schloss Birseck** thronen (Mai–Mitte Okt. Mi, So 14–17 Uhr), einst Residenz der Landvögte, die aber bereits in der zweiten Hälfte des 18. Jh. aufgegeben wurde. Balbina von Andlau, die Gattin des Landvogts von Birseck, und ihr Vetter, Domherr Heinrich von Ligertz, beschlossen, den Burghügel in einen romantischen Garten zu verwandeln. 1785 wurde die Anlage eröffnet, während der Französischen Revolution zerstört, aber in der Folgezeit wieder aufgebaut.

Arlesheim ▶ Dorf Blauen

Wem nach dem Sightseeing nun der Sinn nach einer zünftigen Einkehr steht, dem empfiehlt sich ein Abstecher nach **Blauen**. Das Dorf liegt rund 16 km von Arlesheim entfernt und ist über Reinach und Aesch zu erreichen. Kurz vor Laufen geht es rechts ab in das Dorf Blauen, wo die Bergwirtschaft Blauen Reben außerhalb des Ortes liegt; sie ist dank der Beschilderung aber leicht zu finden.

Wer der Großstadt entfliehen will, muss nicht weit fahren. Im Baselbiet (▶ S. 130) direkt vor Basels Haustür finden die Städter viel Grün.

RHEINFELDEN – DER CHARME DER ZÄHRINGER

CHARAKTERISTIK: Das Zentrum von Rheinfelden besteht aus einer sehenswerten geschlossenen Altstadt. Das Kurzentrum mit den Solebädern bietet eine moderne Saunaanlage und zahlreiche Zusatzangebote für einen perfekten Wellness-Tag **ANFAHRT:** Mit dem Pkw auf der Autobahn Richtung Zürich und nach ca. 20 km bei der Ausfahrt Rheinfelden der Beschilderung folgen **ÖFFENTLICHE VERKEHRSMITTEL:** Vom Hauptbahnhof mit der S1 Richtung Frick, Station Rheinfelden. Wer schon die Anfahrt zum Erlebnis machen möchte, wählt das Schiff. Von der Anlegestelle Schifflände – dort können auch Tickets gekauft werden – dauert die Fahrt 2 Std. und 15 Min. **DAUER:** Tagesausflug **EINKEHRTIPP:** Feldschlösschen Restaurant, Feldschlösschenstr. 32, Rheinfelden, Tel. 061/8 33 99 99, Mo–Fr 10–23, Sa 9.30–23, So 10.30–22 Uhr €€
KARTE: S. 133, d 1

Rheinfelden ist ein erstaunlicher kleiner Ort, der bereits im Jahr 851 (als Rifelt) erstmals urkundlich erwähnt wurde. Knapp 12 000 Bürger leben in der rund 20 km östlich von Basel gelegenen Stadt, die zum Kanton Aargau gehört. Etwa 6000 Arbeitsplätze sind hier angesiedelt, und wenn man mit dem Auto von Basel aus anreist, weisen Produktionsstätten und Lagerhallen in der Peripherie auf wirtschaftliche Potenz hin: In Rheinfelden sitzt **Feldschlösschen**, die größte Brauerei der Schweiz, außerdem die Rheinfelder Keramikfabrik und die **Saline** der Vereinigten Schweizerischen Rheinsalinen. Die Entdeckung des Salzvorkommens begründete 1844 den Aufschwung des Dorfes, und bereits zwei Jahre später verhalfen die **Solebäder** Rheinfelden zum Ruf eines attraktiven Kurortes. Doch zur Erholung gehört mehr als die Präsenz eines Thermalbades. Rheinfelden, so meint man zunächst, könnte man ohne großes Aufheben links liegen lassen. Die Landstraße, die nach Verlassen der Autobahn durch die Stadt führt, animiert nicht wirklich zur Einkehr. Umso überraschender, dass der Stadtkern zugleich ein Kleinod mittelalterlicher Baukunst ist. Um sich der nahezu autofreien Altstadt Rheinfeldens zu nähern, stellt man seinen Wagen am besten an einem der ausgeschilderten Parkplätze ab und erkundet den Ort zu Fuß.

Gegründet wurde Rheinfelden von den **Zähringern**, jenem Adelsgeschlecht, das im Mittelalter über Jahrhunderte den süddeutschen Raum und die West-Schweiz prägte. Benannt hat es sich nach seiner Burg Zähringen bei Freiburg im Breisgau. Charakteristisch für das gleichnamige Herzogtum Zähringen war, dass deren Herrscher über kein zusammenhängendes Gebiet Macht ausübten, sondern übers Land verteilte – oft mit Burgen befestigte – Städte gründeten. Zu den Zähringerstädten zählen in Deutschland u. a.

Rheinfelden | 133

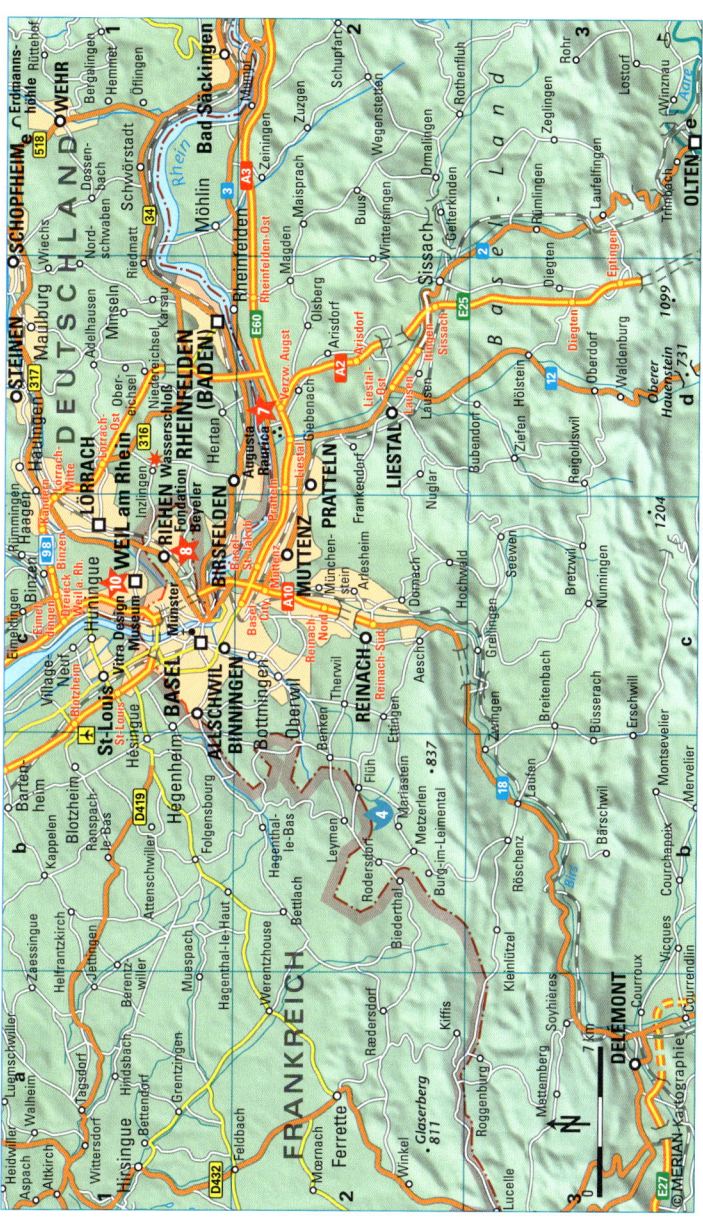

Freiburg, Offenburg, Villingen und Weilheim an der Teck, in der Schweiz neben Rheinfelden auch Bern, Fribourg und Thun.

Rheinbrücke ▶ Haus zur Sonne

Das Herz der Altstadt schlägt in der Marktgasse, die parallel zum Rhein verläuft. Sie beginnt an der Rheinbrücke, die mit dem gleichnamigen Rheinfelden in Deutschland verbindet, dessen – damals noch unbebautes Gebiet – bis 1803 zur Schweizer Stadt gehörte. Erst das Reichsdeputationsgesetz aus demselben Jahr erklärte den Rhein zur deutsch-schweizerischen Grenze.

Unterhalb der Rheinbrücke liegt das »Inseli«. Hier errichteten im späten 10. Jh. die Blaublütigen derer von Rheinfelden die Burg Stein, die 1445 zerstört und nie wieder aufgebaut wurde.

Die Marktgasse ist ein wunderbarer, nahezu geschlossener Straßenzug, der bis zum Storchennestturm verläuft. In seiner Mitte steht das mittelalterlich-barocke Rathaus mit Turm aus dem Jahr 1531. Gleich neben dem Rathaus befindet sich das **Fricktaler Museum** im »Haus zur Sonne« (April–Dez. Di, Sa, So 14–17 Uhr), benannt nach dem Landstrich, der aus den Bezirken Rheinfelden und Laufenburg sowie vier weiteren Gemeinden besteht. Es dokumentiert die Geschichte der Stadt bis in die Urgeschichte und stellt typische Berufe der Region dar – darunter auch die Kunst des Zigarrenrollens. Denn diese hatte hier durchaus Tradition: Bis zur Übernahme durch Villiger Söhne produzierte Wuhrmann 132 Jahre lang Stumpen, Zigarillos und eben Zigarren und diese, laut Eigenwerbung, ganz »ohne synthetische Zusätze zum Tabak«. Mit einem Wuhrmann-Stumpen zwischen den Fingern lässt es sich stilecht zurück in die historische Marktgasse schlendern, die mit Mittelalter pur aufwartet.

Marktgasse ▶ Johanniterkapelle

Am Albrechtsplatz, knapp 100 m weiter, lohnt links die Abzweigung, die zur **Johanniterkapelle** führt. Diese kleine Kirche stammt aus der Mitte des 15. Jh. und birgt im Schiff eine Darstellung des Jüngsten Gerichts aus dem Jahr 1490. Eingang in die Kapelle verschafft ein Schlüssel, der beim Tourismusservice ausgeliehen werden kann (Marktgasse 16, Tel. 0 61/8 35 52 00).

Ein paar Schritte weiter, direkt am Rhein, ragt der **Messerturm** aus dem 15. Jh. im Vorgarten einiger moderner Mehrfamilienhäuser heraus. Dieser Turm markierte früher die westliche Kommandozentrale zur Verteidigung der Stadt, eingebettet in jene Mauer, die heute nur noch in Teilen am westlichen Rand der Altstadt erhalten ist. Hier führt der Weg, vorbei an mittelalterlichen Gebäuden mit ihren kleinen Handwerksbetrieben, zum **Storchennestturm**, gleichsam der Abschluss der Marktgasse und einst eines der Eingangsportale Rheinfeldens.

Storchennestturm ▶ Kurzentrum

Dort verlässt die Route den Altstadtkern, und man gelangt in eine unmittelbar am Rhein gelegene parkähnliche Anlage. Von hier fällt der Blick der Promenade folgend auf das **Park-Hotel am Rhein**, das **Kurzentrum** Rheinfeldens. Zuvor passiert man, nach einem 15-minütigen Spaziergang am Rhein, die einstige Luxusherberge Grand Hôtel des Salines au Parc. Heute residiert hier nach einem Umbau für 40 Millionen SFr. die Privatklinik Alta

Rheinfelden (▶ S. 132), die älteste Zähringerstadt der Schweiz (1130), verströmt viel mittelalterliches Flair wie hier in der Marktgasse mit dem Rathausturm.

Aesthetica, eine Schönheitsklinik. Nahezu übergangslos schließt das moderne Park-Hotel an (Roberstenstr. 31, Tel. 061/836 66 11), das seine Gäste mit Vier-Sterne-Komfort und großem Wellnessangebot überrascht.

Rheinfelden scheint mit den Trendthemen plastische Chirurgie und Wellness den Puls der Zeit zu fühlen. Mitnichten, es kommt noch besser: Rheinfelden ist der Zeit voraus – um geschlagene sieben Minuten, wie die Turmuhr am **Obertor** zeigt! Auch das hat historische Gründe: In früheren Jahrhunderten läuteten die Glocken sieben Minuten vor der vollen Stunde, um die Bauern auf den Feldern an den Heimweg zu gemahnen. Diese Zeitspanne genügte für die Rückkehr in die Stadt, danach schlossen sich die Tore.

Es ist diese Art von »eigen Sinn«, die das Besondere von Rheinfelden ausmacht. Dieser spezielle Charme zeigt sich auch zum Abschluss des Ausflugs im Feldschlösschen Restaurant. Das Gasthaus liegt direkt an der Feldschlösschen-Brauerei und bietet dank seiner exponierten Lage auf einer Anhöhe einen schönen Blick über die Stadt Rheinfelden.

BASEL ERFASSEN

Lucius Munatius Plancus, der Gründer der Römerstadt Augusta Raurica (▶ S. 141).

AUF EINEN BLICK

Hier erfahren Sie alles, was Sie über Basel wissen müssen – kompakte Informationen über Land und Leute, von Bevölkerung und Sprache über Geografie und Politik bis Religion und Wirtschaft.

BEVÖLKERUNG

Basel ist mit 173 000 Einwohnern die drittgrößte Stadt der Schweiz. Mit den Gemeinden Riehen und Bettingen bildet sie unter dem Namen Basel-Stadt einen eigenen Kanton mit etwa 193 100 Bürgern. Mit einem Ausländeranteil von 35,5 % gilt nahezu jeder dritte Basler nicht als Eidgenosse. Menschen aus rund 150 Ländern leben oder arbeiten hier.

LAGE UND GEOGRAFIE

Basel liegt an einem Rheinknie, an dem der Fluss seine Richtung von Osten kommend in einer 90-Grad-Kurve nach Norden ändert. Über beide Seiten der Ufer erstreckt sich das Stadtgebiet: Grossbasel liegt links-, Kleinbasel rechtsrheinisch. Die größte Stadt der Nordwestschweiz gehört zum Dreiländereck aus Deutschland, Frankreich und der Eidgenossenschaft. Dieser Wirtschafts- und Kulturraum ist auch unter dem Namen RegioTriRhena bekannt und umfasst die deutschen Städte Freiburg im Breisgau und Lörrach, Colmar, Mulhouse im Oberelsass sowie Basel und Liestal in der Schweiz.

◀ Der Rhein und Basel: Lebensader einer pulsierenden Wirtschaftsmetropole.

POLITIK UND VERWALTUNG

Eine Besonderheit bildet die politische Organisation: Die Stadt Basel hat keine eigenen Behörden. Die Organe des Kantons nehmen zugleich die Aufgaben der Stadt wahr. Ein Bürgerrat kümmert sich hauptsächlich um soziale Fragen (z. B. Sozialhilfe, Waisenhaus, Christoph-Merian-Stiftung).

Als klassische Volksvertretung fungiert der für vier Jahre gewählte Grosse Rat. Zudem wählt das Volk den siebenköpfigen Regierungsrat, die oberste Behörde und Exekutive des Kantons und der Stadt. Jedes Jahr wählt der Grosse Rat einen Präsidenten, der den Regierungsrat repräsentiert.

RELIGION

16,5 % der Basler Bevölkerung bekennen sich zur Lehre der evangelisch-reformierten Kirche, die u. a. von Huldrych Zwingli und Johannes Calvin im 16. Jh. begründet wurde. 15,9 % gehören der römisch-katholischen Kirche an. Der Anteil der Moslems liegt bei 10,1 %, der Juden bei 0,7 %. 50 % der Bewohner bezeichnen sich als konfessionslos.

SPRACHE

Wenn es offiziell wird, sprechen die Basler Deutsch mit feinem Schweizer Akzent. Wenn sie unter sich sind, wird »Baaseldytsch g'schwätzt«, also Baseldeutsch, eine Mundart, die zwei Dialektgruppen angehört, wie der Basler Germanist und Dialektologe Dr. Rudolf Suter erforschte: Sie bilde eine eigene Sprachinsel, da das Baseldeutsch »niederalemannische, dem Elsässischen zugehörige und hochalemannische, dem Baselbieterischen zugehörige Eigenheiten aufweist«. Der Dialekt wird auch nur im Stadtgebiet gesprochen und findet im Umland keinerlei Verbreitung.

WIRTSCHAFT

Basel ist nicht nur ein bevorzugter Standort von Chemie- und Pharmazieriesen wie Novartis oder Roche, die sich längst zu supranationalen Konzernen diversifiziert haben und sich unter dem schönen Begriff Life Science verschlagworten lassen. Hier profilieren sich auch Unternehmen wie Syngenta oder Lonza in der Biotechnologie, u. a. mit kommerziellem Saatgut. Rund 50 000 Arbeitskräfte aus den Nachbarstaaten des Dreiländerecks, aus Frankreich und Deutschland, pendeln Tag für Tag nach Basel, um am hiesigen Wirtschaftswachstum mitzuwirken. Das Einzige, was stagniert, scheint die Arbeitslosenquote zu sein: Nur selten lag sie in den letzten zehn Jahren bei mehr als 4 % – übrigens dennoch meist über dem Durchschnitt der gesamten Schweiz.

BEVÖLKERUNG: Ausländeranteil 35,5 %, davon aus Deutschland 22,8 %, dem ehemaligen Jugoslawien 13,2 %, Italien 12,2 %, Türkei 10,1 %
EINWOHNER: 173 000
FLÄCHE: 22,75 qkm
INTERNET: www.basel.ch
RELIGION: 16,5 % Protestanten, 15,9 % Katholiken, 10,1 % Muslime, 50 % konfessionslos
VERWALTUNG: 19 Quartiere (Stadtteile)
WÄHRUNG: Schweizer Franken, SFr.

GESCHICHTE

Kelten, Römer, Alemannen, Franken, Magyaren ..., sie alle haben in den vergangenen Jahrhunderten Basel ebenso ihren Stempel aufgedrückt wie der Klerus oder Katastrophen. In der Neuzeit sind eher Industrie und Wirtschaft prägende Faktoren.

An einem Samstag im Oktober 1999 besichtigt Hans Jürg Leuzinger eine Baugrube in Riehen. Er interessiert sich für den Erdhub, den die Bagger zutage gebracht hatten. Sein geübtes Auge sucht nach besonderen Formen und auffälligen Verfärbungen. In der gelben Lössschicht stösst er auf einen mit Erde verschmierten Stein, der nach eingehender Untersuchung als Sensation gefeiert wird. Der ehrenamtliche Mitarbeiter der Archäologischen Bodenforschung des Kantons Basel-Stadt hat den sogenannten Chopper von Riehen entdeckt, ein altes Spalt- oder Hackwerkzeug aus Quarzit, das vermutlich zum Schlachten von Tieren verwendet wurde. Der Fund, 13 cm lang und 4,5 cm dick, stammt aus der Altsteinzeit, ist etwa 130 000 Jahre alt und einer der spektakulärsten Hinweise auf menschliches Leben in Basel. Die ältesten Spuren gehen zurück bis 300 000 Jahre v. Chr., in eine Epoche, in der in Mitteleuropa Temperaturen wie in Alaska herrschten.

900 v. Chr. Die erste Siedlung

Wissenschaftler verorten sie auf Höhe der heutigen Martinskirche auf Grossbasler Seite nahe der Mittleren Brücke. Im 5. Jh. v. Chr. bauen die **Rauriker**, ein Stamm der Kelten, auf dem Münsterhügel eine stadtartige Siedlung, die sich die **Römer** einverleiben, nachdem sie 44 v. Chr. rheinaufwärts eine Kolonie gründen. Unter Kaiser Augustus wird

44 v. Chr.
Die Römer gründen Augusta Raurica; auf der Pfalz entsteht ein Militärlager.

ab 450
Zusammenbruch des Römischen Reichs, Ansiedlung der Alemannen

1019
Baubeginn des Münster unterstützt von Kaiser Heinrich II.

der Münsterhügel Stützpunkt römischer Truppen und die Kelten romanisiert. Die Siedlung steht als Dorf im Schatten von Augusta Raurica. In der imposanten Großstadt residiert wohl auch der erste namentlich bekannte Bischof, Justinianus Rauricorum, der Bischof der Rauriker.

450 n. Chr. Abzug der Römer

Nach dem Abzug der Römer bevölkern Alemannen und Franken die Gegend, die Stadt – als »Basilia« erstmals 374 n. Chr. erwähnt – steht unter der Herrschaft des Frankenkönigs Lothar I., danach regiert der Karolinger Ludwig der Deutsche. Er kann nicht verhindern, dass auch Basel von den berüchtigten Ungarneinfällen heimgesucht wird: 917 verwüsteten und plünderten die Magyaren die Stadt, zu den Opfern gehörte auch der damalige Bischof Rudolf II. Unklar ist, wann der Sitz des Bistums von Augusta Raurica auf den Basler Münsterhügel verlegt wurde; längst leiten die gottesfürchtigen Würdenträger die Geschicke der Einwohner. Bischof Haito lässt von 805 bis 823 einen Vorgängerbau der heutigen Kathedrale, das sogenannte Haito-Münster, errichten, das durch die Magyaren ebenfalls in Mitleidenschaft gezogen wird.

1019 Nach Angliederung ans Römisch-Deutsche Reich Münsterbau

Basel geht an den deutschen König und späteren Kaiser Heinrich II. über. Zu dessen großzügigen Schenkungen gehört neben Land, der Goldenen Altartafel, dem Heinrichskreuz und der Heinrichsglocke, auch die finanzielle Unterstützung eines Neubaus auf dem Fundament des Haito-Münsters – woraufhin sich der Name Heinrichsmünster einbürgert. 1019 weiht ihn Bischof Adalbero II. in Anwesenheit des Kaiserpaars Heinrich II. und Kunigunde feierlich ein. Basel wächst in diesem Jh. an Einwohnern und an Bedeutung: Experten gehen aber von nicht mehr als 2000 Bürgern aus.

1061 Reichsversammlung und -synode findet in Basel statt

In Basel wird der spätere Kaiser Heinrich IV. – der in dieser Funktion den

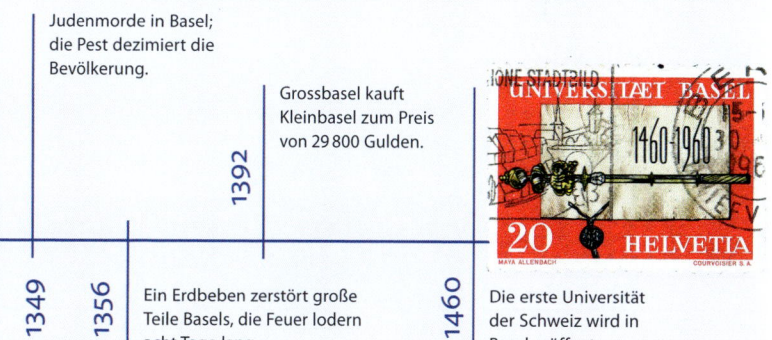

1349 Judenmorde in Basel; die Pest dezimiert die Bevölkerung.

1356 Ein Erdbeben zerstört große Teile Basels, die Feuer lodern acht Tage lang.

1392 Grossbasel kauft Kleinbasel zum Preis von 29 800 Gulden.

1460 Die erste Universität der Schweiz wird in Basel eröffnet.

berühmten Gang nach Canossa antritt – mit elf Jahren zum römisch-deutschen König ernannt; Agnes von Poitou führt die Regierungsgeschäfte bis zur Volljährigkeit ihres Sohnes. Bischof Cadalus von Parma wird zum Gegenpapst Honorius II. gewählt.

Um 1100 Bau der Stadtmauer

Mit der Errichtung einer ersten Stadtmauer versucht der blaublütige Bischof Burkhard von Fenis Basel vor Überfällen zu schützen. Einen weiteren wichtigen Schritt für die Entwicklung unternimmt Bischof Heinrich von Thun. Er initiierte den Bau der Mittleren Rheinbrücke, die, 1244 erstmals erwähnt, aber vermutlich schon früher existierte. Aus Sicherheitsgründen wurde auf Grossbasler Seite das letzte Teilstück als Zugbrücke errichtet, die jederzeit hochgeklappt werden kann. Zugleich wird Kleinbasel als eigenständige Stadt gegründet – vermutlich ebenfalls als Schutz vor äußeren Feinden, quasi als Puffer vor Grossbasel. Auf der Brücke gibt es eine kleine Kapelle, das Käppelijoch, das als Bühne des Strafvollzugs dient: Frauen, die des Ehebruchs, schweren Diebstahls, Kindsmordes oder der Kuppelei bezichtigt wurden, Männer, die der Bigamie und der Elternmisshandlung überführt scheinen, werden gefesselt und mit Gewichten beschwert in den Rhein gestoßen und ihrem Schicksal überlassen.

1294–1356 Großbrand, Pest und Erdbeben in Basel

Die prosperierende Stadt lernt auch die dunklen Seiten des Mittelalters kennen: Am 13. September legt ein Großbrand mehr als 600 Häuser auf Grossbasler Seite in Schutt und Asche, 40 Bürger sterben. 1328 berichtet der deutsche Franziskanermönch Johann von Winterthur von einer Seuche und 50 Opfern, die an einem einzigen Tag bestattet werden müssen. 1349 wütet die Pest unter den etwa 7000 Einwohnern und fordert unzählige Opfer. 1356 ereignet sich das bis heute schwerste Erdbeben Mitteleuropas. Kaum ein Gebäude, das nicht betroffen ist. Am mächtigen Münster stürzen der Chor und fünf Türme ein. Verheerender ist jedoch die auf

1501

Basel tritt der Eidgenossenschaft bei.

1798

Friedliche Revolution; Napoleon besetzt die Schweiz, erste bürgerlich-demokratische Republik.

1803

Rückkehr zum Staatenbund; Basel wird wieder autonom.

das Beben folgende Feuersbrunst, die weite Teile der Stadt zerstört.

1392 Grossbasel kauft Kleinbasel

Doch alle Katastrophen können die Entwicklung Basels nicht bremsen. Für 29 800 Gulden kauft Grossbasel dem Bischof von Straßburg die Stadt am anderen Rheinufer ab. Dank der Mittleren Rheinbrücke wächst Basel zu einem wichtigen Handelsplatz, dem Kaiser Friedrich III. 1471 zudem das Messerecht zuspricht.

1431–1449 Konzil von Basel

Das 15. Jh. steht im Zeichen der Machtkämpfe zwischen Kirche und Staat, von 1431 bis 1449 tagt das noch von Papst Martin V. einberufene Konzil von Basel, in der es zur Spaltung von der Kirchenobrigkeit kommt und in der Wahl des Gegenpapstes Felix V. gipfelt. Übrigens: Das »Haus zur Mücke« am Schlüsselberg beim Münsterplatz ist der Nachfolgebau des Gebäudes, in der das Konzil diskutierte. Hier erinnert eine Inschrift an der Außenwand an die historischen Ereignisse.

1460 Die erste Universität

Die Synode feuert die Wirtschaft an und fördert beispielsweise die Papierfabrikation. 1460 gründet sich die erste Universität der heutigen Schweiz, und zehn Jahre später hält der Buchdruck Einzug: Basel blüht kulturell auf, Paracelsus beginnt sein Medizinstudium, Sebastian Brant lehrt hier Jura und veröffentlicht 1494 die Satire »Das Narrenschiff«, das erfolgreichste deutschsprachige Buch bis zur Lutherbibel. Hier wirkt der Humanist und Theologe Erasmus von Rotterdam, während sich Hans Holbein der Jüngere seinen Ruf als einer der bedeutsamsten Maler der Renaissance erwirbt.

1529 Bildersturm und Revolution

Allem Feingeist zum Trotz: Beim Bildersturm zu Basel, dem der Übertritt zur Reformation folgen soll, werden Hunderte von Kunstgegenständen und religiöser Reliquien vernichtet. Interessanterweise reicht der Pöbel nicht bis nach Kleinbasel. Dort hält man dem Katholizismus die Treue und sabotiert die Rheinbrücke, um dem Mob den

Einführung des Schweizer Frankens

Nach Unruhen wird der Kanton Basel in die Halbkantone Basel-Stadt und -Land geteilt.

1833

1848

1850

Die neue Verfassung wird angenommen; die Schweiz wird Bundesstaat.

Weg abzuschneiden. Erst auf politischen Druck hin reformiert sich die »mindere Stadt«. Auch außenpolitisch müssen die Bürger nun folgenschwere Entscheidungen fällen: Während des Schwabenkriegs zwischen der Eidgenossenschaft und dem Schwäbischen Bund verhält sich die Stadt neutral. Im »Frieden von Basel« 1499 muss Maximilian I., Erzherzog von Österreich, die Eigenständigkeit der Schweizer anerkennen. Zwei Jahre später treten die Basler der Alpenrepublik bei.

18. Jh. Industrialisierung

Diese beginnt eher unauffällig. 1758 begründet ein gewisser Johann Rudolf Geigy-Gemuseus einen Handel mit »Materialien, Chemikalien, Farbstoffen und Heilmitteln aller Art«. Niemand ahnt, dass er den Grundstein für eine Chemiefirma legt, die sein Urenkel 1901 in eine Aktiengesellschaft umwandelt und 1914 in J.R. Geigy AG umbenennt. Mitte des 19. Jh. bekennen auch andere Hersteller Farbe: Bindschedler & Busch firmiert ab 1884 unter dem Namen »Kapitalgesellschaft mit der Bezeichnung Gesellschaft für Chemische Industrie Basel«. Die Abkürzung Ciba wird 1945 offizieller Titel des Unternehmens. Beide Firmen schließen sich 1970 zu Ciba-Geigy zusammen.

Nach 1945 Volksabstimmung und Frauenwahlrecht

Nach dem Zweiten Weltkrieg sind die Ergebnisse von Volksabstimmungen ein Thermometer für die Befindlichkeiten der beiden Halbkantone Basel-Stadt und Basel-Land. Die Trennung wurde 1832 von den Landgemeinden forciert, weil sie sich von der aristokratisch geprägten Stadt benachteiligt fühlte. 1969 bestätigen sie ihre Eigenständigkeit bei einem Votum. Die Stadt führt 1966 das kantonale Frauenwahlrecht ein, das Land 1968; schweizweit gilt es erst ab 1971.

Ende 19./20. Jh. Chemie und Pharmazie im Aufschwung

Ab 1886 stellen Alfred Kern und Edouard Sandoz die Farbstoffe Alizarinblau und Auramin her, bringen aber schon neun Jahre später das erste Medika-

1914–1918

1939–1945

Die Schweiz bleibt von Kriegshandlungen weitgehend verschont.

Grenzbesetzung während des Ersten Weltkriegs.

ment auf den Markt. 1996 fusionieren Ciby-Geigy und Sandoz zu Novartis, einem Biotechnologie- und Pharmaunternehmen mit einem Umsatz von mittlerweile 56,7 Mrd. US-Dollar – Nummer zwei in der Welt hinter Pfizer. Basel ist stolz auf seine »Chemischen«, zu denen auch Hoffmann-La Roche – kurz Roche – gehört, der weltweit fünftgrößte Pharmakonzern. Das Verhältnis trübt sich, als 1986 im Industriegebiet Schweizerhalle ein Lager mit 1350 t Chemikalien brennt. Die Behörden verhängten eine mehrstündige Ausgangssperre. Der Feuerwehr gelingt es relativ schnell, das Feuer zu kontrollieren, jedoch gelangen Giftstoffe des Löschwassers in den Rhein und lösen auf 500 km ein Tier- und Pflanzensterben aus. Bilder des rotgefärbten Rheins mit tausenden toten Fischen gehen um die Welt. Basel und die übrige Schweiz sensibilisieren sich für das Thema Umweltschutz, umso mehr, als herauskommt, dass Ciby-Geigy das Unglück nutzt, um unbemerkt 400 l des Pflanzenschutzmittels Atrazin im Fluss zu entsorgen.

Der Rhein erholt sich schneller, als Behörden und Umweltschützer vermuten: Ambitionierte Angler haben weit mehr als 30 Fischarten identifiziert, darunter Meerforelle, Hecht und sogar Lachs. Allerdings wählen immer mehr exotische Tiere den Fluss als Lebensraum, anspruchslose Wirbellose wie Höckerfloh und Schlickkrebs aus dem Schwarzen Meer oder die Körbchenmuschel aus Asien. Grund dafür sind Schiffe aus der ganzen Welt, die diese Arten z. B. über den Schiffsrumpf einschleppen. Das Unglück von 1986 hat diese Entwicklung beschleunigt.

1992–2009 Nein zur EU

Die Stadt spricht sich für einen EU-Beitritt aus, das Land stimmt wie die Mehrheit der Schweiz dagegen. Doch komplett entziehen sich Basel und die Eidgenossenschaft dem neuen Europa nicht: 2005 treten sie dem Schengener Abkommen bei und unterstützen seit 2009 auch die EU-Verordnung über biometrische Pässe und Reisedokumente. Nur die Europäische Zollunion, nein, die wollen sie nicht.

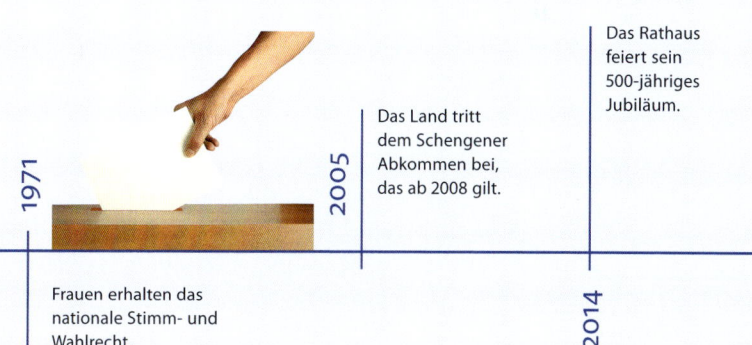

1971 — Frauen erhalten das nationale Stimm- und Wahlrecht.

2005 — Das Land tritt dem Schengener Abkommen bei, das ab 2008 gilt.

2014 — Das Rathaus feiert sein 500-jähriges Jubiläum.

KULINARISCHES LEXIKON

A
Ammelètte – Omelette
Angge – Butter
Apéro – Aperitif

B
bache – gebacken
Bachis – Gebackenes
Basler Brunsli – Weihnachtsgebäck mit Mandeln
Basler Lummelbraten – Rinderfilet, mit Salbei und Käse überbacken
Baumnüss – Walnüsse
Bèèri – Beere
Beignet – Küchlein
Baiz, Beiz – kleines Restaurant, Kneipe
Biire, Birä – Birne
Bouilbu – Brühe
Brötli – Brötchen
Brootis – Gebratenes, Braten
Bürli – vierteiliges Halbweißbrot

C
Chefe – Zuckerschoten
Chüngel – Kaninchen
Cipollata – kleine Bratwürste
Cüpli – ein Glas Sekt/Champagner

D
Däfeli – Bonbon
dringge – trinken
Druube – Trauben

E
e Dreier – 0,3 l Wein
e Zwaier – 0,2 l Wein
Egli – Barsch
Eierschwümm – Pfifferlinge

F
Fleischvögel – Rouladen
Fondue – Käsegericht
Fondue bourguignone – Fleischfondue
Frappé – Milchmixgetränk
Fritüre – heißes Fett- und Ölbad

G
Gipfeli – Hörnchen
Gitzi – Zicklein
Glace – (Speise-)Eis
gluschtig – appetitlich, lecker
Gmies – Gemüse
Gnagi – gepökelte Schweinshaxe
Gräpfli – Krapfen
Gschnätzlets – fein geschnittenes Fleisch
gschmègge – munden
Gschwellti – Pellkartoffeln
Gùggùmmere – Gurke
Güggeli – Hähnchen

H
Härdöpfel, Häärdèpfel – Kartoffel
Härdöpfelstock – Kartoffelpürree
Hörnli – kleine gebogene Nudeln

K
Kabis – Kohl, Kraut
Käsewähe – (salziger) Käsekuchen
Kaffi – Kaffee
Kefe – Zuckerschote
Kestene – Esskastanien
Kiirsi – Kirsche
Kinngel – Kaninchen
Klöpfer – Cervelatwurst
Knöpfli – Spätzle, Nocken
kòchig – kochend

Krautstiel – Mangold
Kùchi – Küche
Küchli – Küchlein
Kügeli – Klößchen

L

Läggerli, Läckerli – kleines rechteckiges Honiggebäck
Luxemburgerli – knusprige Makronenhälften, gefüllt mit Buttercreme

M

Metzgete – Schlachtfest, Produkte vom Schlachtfest
Milke – Kalbsbries, Kalbsmilch
Mistkratzerli – Hähnchen, Küken

N

Nägeli – Gewürznelken
Nüsslisalat – Feldsalat

O

Ofekiechli – Windbeutel

P

Panaché – Alsterwasser, Radler
Pariser Brot – Baguette
Peperoni – Paprikaschoten
Peterli – Petersilie
Plätzli – Schnitzel, Teigstück
Poulet – Brathuhn, Brathähnchen

R

Raclette – Gericht mit Pellkartoffeln und geschmolzenem Käse
Rahm – süße Sahne
Rande – rote Bete
Riebli – Karotten
Rippli – geräucherte Schweinsrippe
Röschti – Bratkartoffeln nach Schweizer Art
Ruchbrot – dunkles Brot
Ryys – Reis

S

Schale – Kaffee mit warmer Milch
Schingge – Bauernschinken, gekocht
Schnägg – Schnecke
Schòggelaade, Schoggi – Schokolade
Serviertochter – Kellnerin
Spaarse – Spargel
Stange – drei Deziliter gezapftes Bier
Suffede – Trinkgelage
Suuri Läberli – saure geschnetzelte Leber
Suuser – junger unvergorener Wein

T

Thon – Thunfisch
Traiteur – Feinkostgeschäft
Tranche – Scheibe
Trübeli – Johannisbeeren
Truffes – Schokoladentrüffel

V

Vermicelles – süße Maronenspaghetti
Vorässe – Ragout, Gulasch

W

Waaie, Wähe – Früchte- oder Gemüsekuchen
Weggli – Brötchen
Weißkabis – Weißkohl
Wirz – Wirsing
Wyy – Wein

Z

Zapfe – Korken
Zibele – Zwiebeln
Zimmet – Zimt
Zmittag – Mittagessen
Zmorge – Frühstück
Znacht – Abendessen
Znüni – Vormittagsimbiss
Zucchetti – Zucchini
Zvieri – Nachmittagsimbiss
Zwiebelwähe – Zwiebelkuchen

SERVICE

Anreise und Ankunft

MIT DEM AUTO

Deutschland ist über die A5 mit der Nordwestschweiz verbunden. Autobahnschnittpunkt ist Karlsruhe.
Besucher aus Österreich wählen die E60, die über Innsbruck, Bludenz und Feldkirch am Grenzübergang Hohenems/Diepoldsau in die Schweiz führt. Über St. Gallen und Zürich verläuft die Autobahn nach Basel. Reisende, die über Feldkirch (Bundesland Vorarlberg) kommen, nehmen die E43 über Sargans und den Zürichsee.

MIT DER BAHN

Verbindungen aus Frankreich, Österreich und der Schweiz kommen am Bahnhof SBB an, dem Basler Hauptbahnhof. Bahnreisende aus Deutschland können zuvor im rechtsrheinisch gelegenen Badischen Bahnhof in Kleinbasel aussteigen, einem Bahnhof auf eidgenössischem Hoheitsgebiet, der als deutsches Staatsgebiet gilt. Also nicht wundern, wenn deutsche und Schweizer Zollbeamte hier die Pässe kontrollieren.

MIT DEM FLUGZEUG

Der EuroAirport liegt auf französischem Staatsgebiet und ist mit dem Auto in 55 Minuten von Freiburg, in 20 Minuten von Basel und 30 Minuten von Mulhouse zu erreichen. In Basel fährt die Buslinie 50 vom Bahnhof SBB zum Flughafen.
Auf www.atmosfair.de und www.myclimate.org kann jeder Reisende durch eine Spende für Klimaschutzprojekte für die CO_2-Emission seines Fluges aufkommen.

MIT DEM SCHIFF

Die großen Veranstalter bieten mehrtägige Rheinkreuzfahrten mit Aufenthalten in verschiedenen Städten an. Anlegestelle in Basel ist der Elsässerrheinweg, von dem aus man das Sightseeingprogramm durch Basels Stadtteile starten kann.

Auskunft

IN DEUTSCHLAND UND ÖSTERREICH
Schweiz Tourismus
Tel. 0 08 00 10 02 00 29 (kostenlos) | www.myswitzerland.com

IN BASEL
Basel Tourismus
www.basel.com
– Altstadt Grossbasel | Im Stadt-Casino am Barfüsserplatz, Steinenberg 14 | Tel. 0 61/ 268 68 68 | Mo–Fr 9–18.30, Sa 9–17, So 10–15 Uhr C4
– Gundeldingen | Im Bahnhof SBB | Mo–Fr 8.30–18, Sa 9–17, So 9–15 Uhr C5

Behinderte

Die Touristinfo-Büros vertreiben einen speziellen »Basler Stadtplan für Rollstuhlfahrende«, der über behindertengerecht ausgestattete Einrichtungen wie Museen und Galerien, Sehenswürdigkeiten, Theater, Cafés und Restaurants informiert. Außerdem zeigt die Karte öffentliche Toiletten sowie Bankautomaten an, die rollstuhlgängig sind.

Buchtipps

Thomas Blubacher: Die Holbeinstrasse, das ist das Europa, das ich liebe (Schwabe, 2010) Der Autor beschreibt in 18 Mini-Biografien die innige Beziehung großer Künstler zu Basel, darunter Bertolt Brecht, Gustaf Gründgens, Thomas Mann und Kurt Schwitters.

Anne Gold: Helvetias Traum vom Glück (Reinhardt, 2010) Kommissär Francesco Ferrari und seine Assistentin Nadine Kupfer untersuchen den Mord an einem rechtsextremen Bundesrat. Ein Autorenteam unter dem Pseudonym Anne Gold hat die Krimireihe in Basler Milieus angesiedelt.

Titus Müller: Die Todgeweihte (Aufbau-Verlag, 2005) Im Basel des Jahres 1348 wütet die Pest. Die Bevölkerung richtet ihren Zorn gegen die jüdische Minderheit, auch die junge und schöne Saphira wird verfolgt. Vor der historischen Kulisse entspinnt sich ein packendes Drama um Intoleranz und Liebe.

Hansjörg Schneider: Hunkeler-Krimis (Diogenes) Kommissär Hunkeler ermittelt auf seine ruhige Art durch alle Basler Gesellschaftsschichten, z. B. in »Das Paar im Kahn« oder »Tod einer Ärztin«.

Alain Claude Sulzer: Basel (Hoffmann und Campe, 2013) Der Autor wurde in Riehen geboren und verließ Basel mit Mitte zwanzig. Vor etwa zehn Jahren kehrte er zurück, fand Vertrautes wieder und entdeckte Neues. In kurzweiligen Essays schreibt er über seine Entdeckungen und Begegnungen, manchmal wie ein Tourist, manchmal wie ein Kenner der Basler Seele.

Urs Widmer: Reise an den Rand des Universums (Diogenes, 2013) Der vielfach ausgezeichnete Schriftsteller, 1938 geboren, blickt in seiner Autobiografie auf die ersten 30 Lebensjahre zurück, die er in seiner Geburtsstadt Basel und während des Studiums in Montpellier und Paris verbrachte. Widmer schenkt dem Leser einen tiefen, ehrlichen Einblick in seine Adoleszenz und seine persönliche Sicht auf die schweizerische Gesellschaft der Kriegs- und Nachkriegsjahre.

Diplomatische Vertretungen

Deutsches Honorarkonsulat D3
Hirzbrunnen | Schwarzwaldallee 220 (im Badischen Bahnhof) | Tel. 0 61/6 93 33 05

Österreichisches Honorarkonsulat C5
St. Alban | Engelgasse 11 | Tel. 0 61/2 71 35 35

Feiertage

1. Jan. Neujahr
Feb./März Fasnacht (eine Woche nach Rosenmontag)
Karfreitag
Ostermontag
Auffahrt (Christi Himmelfahrt)
1. Mai Tag der Arbeit
Pfingstmontag
1. Aug. Nationalfeiertag
25. Dez. Weihnachten
26. Dez. Stefanstag

Geld

1 € .... 1,22 SFr.
1 SFr. .... 0,82 €

In vielen Läden und Restaurants wird auch der Euro akzeptiert: meist allerdings zu einem schlechteren Umrechnungskurs. Geld wechseln kann man in Banken und Postämtern, manche, wie die COOP-Bank, verlangen eine Gebühr von 5 SFr., andere gewähren den offiziellen Kurs nur ab einem Wert von 2000 €. Den besten Kurs bieten Bankautomaten, z. B. bei der Migrosbank (Aeschenvorstadt 72, Mo–Mi, Fr 8.15–16.30, Do 8.15–17.30, Sa 8.30–12 Uhr).

Links und Apps

LINKS

www.altbasel.ch
Kompetente Information über Brauchtum und die Historie Basels: auch wenn sich ab und an eine Jahreszahl vom Brockhaus unterscheidet.

www.basel.ch
Offizielle Seite der Stadt Basel mit virtuellem Rundgang, Eventdatenbank und Informationen aus Politik und Wirtschaft.

www.basilisk.ch
»'S Radio für Basel« online hören und sich vom Charme des Schwyzerdütsch verzaubern lassen.

www.museenbasel.ch
Ausstellungen, Öffnungszeiten, Sonderveranstaltungen: alles, was man über Basels Museen wissen will.

APPS

City Guide Basel
Gratis-App der Switzerland Tourism mit integriertem Stadtplan.
Für iPhone | kostenlos

Zoo Basel
Mit dieser App wird der Zoobesuch noch planbarer: Öffnungszeiten, Eintrittspreise, Fütterungstermine …
Für iPhone | kostenlos

Medizinische Versorgung

KRANKENVERSICHERUNG

Die Vorlage einer Europäischen Krankenversicherungskarte (EHIC) ist ausreichend. Als zusätzlicher Versicherungsschutz empfiehlt sich der Abschluss einer Auslandskrankenversicherung, da diese Krankenrücktransporte mitversichert.

KRANKENHAUS

Universitätsspital Basel B 3
Vorstädte | Spitalstrasse 21/Petersgraben 4 | Tel. 0 61/2 65 25 25

APOTHEKEN

Apotheken sind in der Regel von 8–18.30 Uhr geöffnet.

Notfallapotheke Basel B 4
Grossbasel | Petersgraben 3 | Tel. 0 61/2 63 75 75 | Mo–Fr 17–8, Sa 16–Mo 8 Uhr durchgehend

Nebenkosten

1 Tasse Kaffee .... 3,70 €
1 Bier (0,33 l) .... 4,90 €
1 Cola (0,33 l) .... 3,70 €
1 Brot (ca. 1 kg) .... 3,50 €
1 Weißbrotstange .... 0,80 €
1 Schachtel Zigaretten .... 6,70 €
1 Liter Benzin (Super 95) ...... 1,45 €
Mietwagen/Tag .... ab 52,00 €

Notruf

Euronotruf Tel. 112
(Polizei, Feuerwehr, Rettungsdienst)

Post

Die Briefkästen in der Schweiz sind gelb. Briefmarken erhält man in den Postfilialen und in Zeitungsläden, die auch Postkarten verkaufen. Postsendungen, die schnell ihr Ziel erreichen sollen, müssen mit einem Aufkleber »A Prioritaire« gekennzeichnet werden. Postkarten und Briefe kosten innerhalb der Schweiz 0,85 SFr. (B-Post) bzw. 1 SFr. (A-Post), in Europa 1,30 SFr. (Economy) bzw. 1,40 SFr. (Priority).

Reisedokumente

Deutsche und Österreicher können mit einem gültigen Reisepass oder Personalausweis einreisen. Kinder unter 16 Jahren benötigen einen Kinderausweis oder -reisepass oder müssen im Pass eines Elternteils eingetragen sein.

Rheinfahrten

Die Basler Personenschifffahrt bietet verschiedene Ausflüge auf dem Rhein an (▶ S. 12). Abfahrt ist an der Schiffländi, dort können auch Tickets gekauft werden.
Altstadt/Großbasel | Schiffländi | Tel. 0 61/6 39 95 00 (Reservierung) | www.bpg.ch

Stadtführungen
Stadtrundgang

Klassische Stadtführung durch die romantischen Gassen der mittelalterlichen Altstadt.
Mai–Okt. Mo–Sa 14.30, Nov.–April Sa 14.30 Uhr | Dauer 2 Std. | Treffpunkt: Stadt-Casino am Barfüsserplatz (▶ S. 148) | Ticket 15 SFr., Kinder 7,50 SFr.

Des Nachts in dunklen Gassen

Mit einem Nachtwächter geht es stimmungsvoll durch dunkle Straßen bis ins St. Alban-Tal.
Jan.–März Do 19, April–Sept. Do 21, Okt.–Dez. Do 19 Uhr (nur mit Reservierung, Tel. 0 61/268 68 68) | Dauer 75 Min. | Treffpunkt: Zschokke-Brunnen | Ticket 30 SFr., Kinder 20 SFr.

iGuide

Individualisten können sich in der Tourismusinformation am Barfüsserplatz (▶ S. 148) einen elektronischen Guide ausleihen, der in Deutsch oder Englisch multimedial fünf historische Rundgänge begleitet. Die Stationen der Tour sind beliebig anwählbar.
Gebühr: 15 SFr. (4 Std.), 22 SFr. (ganzer Tag)
www.basel.com

Klima (Mittelwerte)

	Januar	Februar	März	April	Mai	Juni	Juli	August	September	Oktober	November	Dezember
Tagestemperatur	4	6	12	16	20	24	26	25	22	15	9	4
Nachttemperatur	-3	-2	1	4	8	11	13	13	10	6	2	-1
Sonnenstunden	2	3	5	5	6	7	8	7	5	4	2	2
Regentage pro Monat	13	11	11	12	13	13	12	12	12	11	12	12

Telefon

VORWAHLEN

D, A ▶ Schweiz 00 41
Schweiz ▶ D 00 49
Schweiz ▶ A 00 43
Basel ▶ 0 61

In der Schweiz muss auch bei Ortsgesprächen die Vorwahl gewählt werden.

Tiere

Hunde und Katzen benötigen zur Einreise einen Heimtierausweis (stellt der Tierarzt aus) mit Nachweis einer Tollwutimpfung. Das Tier muss durch einen Mikrochip oder durch eine Tätowierung, die nachweisbar vor dem 3. Juli 2011 gemacht wurde, identifizierbar sein.
www.bvet.admin.ch

Trinkgeld

Trinkgeld ist in den Preisen inbegriffen. Gute Bedienung und freundlichen Service belohnt man in der Regel mit 10 % des Bruttobetrags.

Verkehr

AUTO

In der Stadt beträgt die erlaubte Höchstgeschwindigkeit 50, außerorts 80 und auf Autobahnen 120 km/h. Die Autobahnvignette kostet 40 SFr. (33 €), gilt vom 1. Dez. bis 31. Jan. des Folgejahres und kann direkt an der Grenze bei der Passkontrolle gekauft werden. Die Promillegrenze liegt bei 0,5.

In Basel macht Autofahren nicht wirklich Spaß: zu viele Einbahnstraßen und zu wenige Parkplätze, deren Nutzung in den meisten Fällen zeitlich begrenzt ist. Sofern Schilder nichts anderes bestimmen, ist unbeschränktes »Parkieren« nur auf den mit weißen Linien begrenzten Flächen erlaubt. Blaue Linien erlauben 1 Std. Parken (mit Parkscheibe!), gelbe nur das Ein- und Ausladen.

FÄHREN

Vier Rheinfähren verbinden Gross- und Kleinbasel (▶ S. 64).
www.faehri.ch

FAHRRAD

In der Schweiz fährt man nicht Fahrrad, sondern »Velo«. Am Bahnhof SBB können diese für 35 SFr. pro Tag (Kinder: 17,50 SFr.) gemietet werden.
www.rentabike.ch

NACHTBUSSE

An den Wochenenden fällt es in Basel leicht, das Auto stehen zu lassen. In den Nächten von Freitag auf Samstag und Samstag auf Sonntag fahren Busse und Bahnen zwei- bis dreimal pro Nacht vom Barfüsserplatz durch das Stadtgebiet sowie ins Umland der Nordwestschweiz. Der Preis ist derselbe wie am Tag. Da die Haltestellen in beiden Richtungen bedient werden, ist am Wochenende auch ein Ausflug ins Umland leicht machbar.
www.tnw-nachtnetz.ch

S-BAHN

Die Regio-S-Bahn verbindet Basel mit Freiburg und Offenburg, Lörrach und Zell im Wiesental in Deutschland, Mulhouse in Frankreich sowie Waldshut, Olten und Porrentruy in der Schweiz. Nach Deutschland fahren Regional- oder InterCity-Züge.
www.regio-s-bahn.ch

STRASSENBAHN UND BUSSE

Bevorzugtes Verkehrsmittel ist die Straßenbahn, liebevoll »Tram« ge-

nannt. Das Netz der Basler Verkehrsbetriebe BVB umfasst neun Tramlinien und zwölf Autobuslinien, deren Waggons und Wagen grün lackiert sind. Die gelben Busse und Bahnen der Baselland Transport BLT fahren Passagiere ins Umland. Fahrkarten (»Billette«) werfen die Automaten an den Haltestellen aus oder werden von den Fahrern der Überlandbusse verkauft.
www.bvb.ch

TAXI

Der Kanton hat einen offiziellen Taxitarif bestimmt, der einen Höchstbetrag festlegt. Die meisten Unternehmen bieten günstigere Preise an. Der Grundpreis beträgt 6,50 SFr., tagsüber gilt ein Kilometerpreis von 3,80 SFr., ab 20 Uhr 4,30 SFr., der Aufschlag für bestellte Fahrten liegt bei 2,80 SFr.
Anbieter (Auswahl):
Dreiunddreissiger 0 61/3 33 33 33
Mini-Cab 0 61/7 77 77 77
Taxi-Zentrale 0 61/2 22 22 22

Zeitungen und Zeitschriften

Die »Basler Zeitung« ist die größte Zeitung der Region. Sie befasst sich täglich mit politischen Ereignissen im In- und Ausland, Wirtschaft und Sport. »20 Minuten« und »Blick am Abend« sind boulevardeske Gratisblätter, die in Zeitungsboxen erhältlich sind. »Programmzeitung« heißt ein monatlich erscheinendes Magazin, das sich dem Kulturangebot widmet.

Zoll

Reisende aus Deutschland und Österreich dürfen Waren im Wert von 300 €, bei Flugreisen von 430 € (Jugendliche: 175 €) abgabenfrei mit nach Hause nehmen. Die Waren müssen für den privaten Gebrauch vorgesehen sein. Tabakwaren und Alkohol fallen nicht unter diese Wertgrenze und bleiben in bestimmten Mengen abgabenfrei (z. B. 200 Zigaretten, 2 l Wein).
Weitere Auskünfte unter www.zoll.de und www.bmf.gv.at/zoll.

Entfernungen (in Minuten) zwischen wichtigen Orten

	Kunstmuseum Basel	Lällekönig	Messeturm	Mittlere Rheinbrücke	Münster	Museum Tinguely	Rathaus	Spalentor	Strassburger Denkmal	Tinguely-Brunnen
Kunstmuseum Basel	–	9	18	9	4	21	9	14	12	6
Lällekönig	9	–	15	1	6	25	2	8	19	12
Messeturm	18	15	–	14	20	17	17	22	28	24
Mittlere Rheinbrücke	9	1	14	–	6	24	2	8	19	12
Münster	4	6	20	6	–	24	5	12	14	8
Museum Tinguely	21	25	17	24	24	–	27	39	33	27
Rathaus	9	2	17	2	5	27	–	12	18	9
Spalentor	14	8	22	8	12	39	12	–	22	12
Strassburger Denkmal	12	19	28	19	14	33	18	22	–	9
Tinguely-Brunnen	6	12	24	12	8	27	9	12	9	–

ORTS- UND SACHREGISTER

Wird ein Begriff mehrfach aufgeführt,
verweist die **fett** gedruckte Zahl auf die Hauptnennung.
Abkürzungen: Hotel [H] · Restaurant [R]

Aichele, Albert 115
Aksoy, Ariane 57
Aktivitäten 52, 53
Albrechtsplatz
 [Rheinfelden] 134
Alpenblick 94
Altstadt Grossbasel 8, **58**
Am Ring 74
Andlau, Balbina von 131
Ankunft 148
Anreise 148
Anthroposophische Gesellschaft [Dornach] 97, 130
Antikenmuseum Basel 108
Apotheken 150
Appiani, Giuseppe 130
Art Basel 46
Au Violon [R] 25
Apps 150
Arlesheim 130
Arlesheimer Dom 130
Au Violon [H] 25
Auf einen Blick 138
Augusta Raurica [MERIAN TopTen] 63, 99, 126, 141
Auskunft 148

Balz Klub 19, 80
Barfüsserkirche 9, 125
Barfüsserplatz 6, 9, 37, 59, 107, **125**
BarRouge im Messeturm [MERIAN TopTen] **41**, 89
Bartholdi, Frédéric-Auguste 76
Basel Tattoo 46
Baselbiet 130

Basilisk 7, **59**
Basler Brunnen 62
Basler Daig 120
Basler Fasnacht 44, 45, **48**
Basler Herbstmesse 46
Basler Kindertheater 81
Basler Papiermühle 53, 83, 86, **108**, 127
Basler Personenschifffahrt 12, 60, 151
Basler Riviera [MERIAN TopTen] 13, 46, 89, 126
Basler Stadtlauf 47
Basler Stadtmarkt 32
Behinderte 148
Bel Étage [R] 31
Bernouilli, Hans 100
Bevölkerung 138
Beyeler, Hildy 110
Beyeler, Ernst 110
Bildersturm 143
Bio Bistro Bacio [R] 31
Bird's Eye, The 42
Blankenheim, Friedrich von 88
Blauen 131
Blauen Reben [R, Blauen] 131
Blaues Haus 60
Blindekuh [R] 14, 102
Böcklin, Arnold 9, 112
Bodega zum Strauss [R] 27, 125
Botanischer Garten Brüglingen 98
Botanischer Garten der Universität 51, 75
Brant, Sebastian 143

Brasserie Baselstab [R] 65
Brauerei [R] 90
Brötli-Bar [R] 65
Buchtipps 149
Bundesfeier 46
Burg Reichenstein 130
Burg Stein [Rheinfelden]132
Busse 152
Buvette [R] 93

Café-Bar Elisabethen [R] 78
Café-Restaurant Schmiedenhof [R] 69
Café des Arts 125
Calvin, Johannes 139
Campari Bar 41
Cargobar 28
Cartoonmuseum Basel **108**, 127
Chanthaburi [R] 90
Chemie und Pharmazie 8, 139
Cheval Blanc [R] **27**, 126
Christoph-Merian-Stiftung **98**, 113, 120, 139
Confiserie Tea Room Schiesser [R] 70
Consum 94

Dampfbad Basel-St. Johann 14, 100
Daniel Blaise Thorens Fine Art Gallery 118
Das Schiff [R] 103
Delnon, Georges 40
Diplomatische Vertretungen 149
Diskotheken 73, 80

Orts- und Sachregister | 155

Dreiländereck **97**, 107, 138
Dreiländermuseum Lörrach 108

Einheimische empfehlen 56
Einkaufen 18, 23, 36, 71, 79, 86, 104
Elisabethenkirche **75**, 121
Entfernungen 153
Eo Ipso 42, 101
Erdbeben 62, 75, 83, 84, 100, 141, 142
Ermitage [Arlesheim] 130
Essen und Trinken 26
Events 44

Faesch, Ruman 63
Fähren 152
Fahrrad 34, 152
Fauteuil 73
FC Basel 84
Federn wie die Finnen **13**, 57, 98
Feiertage 149
Feldberg Kiosk [R] 18, 93
Feldschlösschen Restaurant [R, Rheinfelden] **132**, 134
Felix V., Papst 62, 126, 143
Feste 44
Festival Im Fluss 46
Figurentheater im Goetheanum [Dornach] 105
Fischerstube [R] 91
Fischmarktbrunnen 60
Fondation Beyeler [MERIAN TopTen] 106, 107, **109**
Französische Revolution 131
Frauenwahlrecht 144
Fricktaler Museum [Rheinfelden] 134
Frieden von Basel 144
Friedrich III., Kaiser 143
Froschmuseum 110

Galerien 118
Gare des Enfants 104
Gasthof Neubad [R] 17, 102
Gasthof zum Ochsen [R, Arlsheim] 130
Gehry, Frank O. 118
Geigy-Gemuseus, Johann Rudolph 144
Geld 150
Geografie 138
Geschichte 140
Gifthüttli [R] 66
Goetheanum [Dornach] **97**, 105, 130
Grand Café Huguenin [R] 70, 125
Grandits, Tanja 28
Grimshaw, Nicholas Thomas 118
Grüner reisen 30
Gundelingerhof [R] 102

Hadid, Zaha 118
Haito, Bischof 63, 141
Hasenburg [R] 17, 66
Haus für elektronische Künste Basel 110
Haus zum Kirschgarten **112**, 125
Haus zur Mücke 126, 143
Helvetische Küche 26
Herbarium 71
Herzog, Jacques **84**, 92, 110, 116, 118
Historisches Museum Basel (HMB) 110, 125
Hoffmann-La Roche 8, 112, 114, 123, 139, 145
Holbein der Ältere, Hans 8, 112, 143
Holbein der Jüngere, Hans 143
Hoosesagg-Museeum 14, 110
Hotel Basel [H] 23
Hotel D [H] 23
Hotel Merian [H] 23
Hotel Spalenberg [H] 17
Hotel St. Gotthard Basel [H] 24

Industriestandort 7, 8
Inseli [Rheinfelden] 134

Jay's Indian Restaurant im Ackermannshof [R] 17, 76
Jazz 45, 47
Johann Wanner Weihnachtshaus 39
Johanniterkapelle [Rheinfelden] 134
Jonny Parker [R] 18, 78

Käppelijoch **90**, 142
Karin Sutter Galerie 119
Kaserne 95
Kern, Alfred 144
Kino 73, 80, 95, 104
Klein, Yves 114
Kleinbasel 8, **88**
Kleinkunst 73, 104
Klima 151
Klingental-Fähre/Vogel-Gryff-Fähre 126
Kochkurse 51
Koechlin, Heiner 114
Kohlmanns [R] **66**, 125
Konzil von Basel 62, 126, 143
Krafft Basel [H/R] 24, 91
Krankenhaus 150
Kulinarisches Lexikon 146
Kultur und Unterhaltung 40
Kulturprojekt Ostquai 105
Kunst und Kultur in Grossbasel 124
Kunsthalle Basel **112**, 125
Kunstmuseum Basel **112**, 125

Läckerli-Huus 37
Lady Bar & Feldberg [R] 19, 94

Lage 138
Lällekönig 7, 8, **62**, 126
Lange Erlen 98
Les Trois Rois [H] 25, 126
Letzimauer 83
Letziturm **83**, 127
Ligertz, Heinrich von 131
Lily's Stomach Supply [R] 92
Links und Apps 150
Lucius Munatius Plancus, römischer Feldherr 63, 99, 126, 141

Mariastein 13, 98
Marktgasse [Rheinfelden] 132
Markthalle 19, 79
Matisse [R] 102
Medizinische Versorgung 150
MERIAN Momente 12
Merian, Christoph **98**, 120
Merian-Park Brüglingen 98
Messerturm [Rheinfelden] 134
Messeturm 89
Meuron, Pierre de **84**, 92, 110, 116, 118
Mit dem Auto 148
Mit dem Flugzeug 148
Mit dem Schiff 148
Mit der Bahn 148
Mittlere Rheinbrücke 90
Mode 38, 72, 80
Molekularküche [R] 51
Mühlenberg **82**, 127
Mühlenmuseum [Brüglinger Mühle] 99
Müller, Titus 7, 149
Mundart 139
Münster [Altstadt Grossbasel, MERIAN TopTen] 52, **62**, 126
Münsternächte 52
Münsterplatz 7

Münsterschatz 107, 110, 125
Museen und Galerien 106
Museum der Kulturen Basel 113
Museum für Gegenwartskunst 112
Museum für Geschichte 110
Museum für Musik 111
Museum für Pferdestärken 111
Museum für Wohnkultur 112
Museum Tinguely [MERIAN TopTen] 114
Museumspass 107
Musical Theater Basel 42

Nachtbusse 152
Nachts im Zoo 51
Naturhistorisches Museum **114**, 126
Nebenkosten 150
Neu entdeckt 16
Nicht zu vergessen! 96
Nietzsche, Friedrich 8
Notruf 150
Novartis 8, 139, 145

Oberer Rheinweg 127
Obertor [Rheinfelden] 134
Oeri, Maja 122
Oper 40, 43, 73
Otto, Andrea 56

Pantheon Basel Museum 114
Paracelsus 8, 115, 143
Park im Grünen/ Grün 80 99
Park-Hotel am Rhein [H, Rheinfelden] 134
Parterre [R] 92, 94
Pfalz 62

Pharmazie-Historisches Museum 71, **115**
Piano, Renzo 106, 109
Politik 139
Post 151
Preiskategorie Hotels 25
Preiskategorie Restaurants 29

Ramada Plaza Basel [H] **24**, 89
Ramsteiner Hof [R] 84
Rathaus [MERIAN TopTen] 9, 59, **63**, 70, 126, 134, 145
Rathaus [Rheinfelden] 134
Rauricorum, Justinianus 141
Reichert, Theo 57
Reichsdeputationsgesetz 132
Reinach 130
Reisedokumente 151
Rent a Bike 35
Restaurant Hirscheneck [R] 31
Restaurant Kunsthalle [R] 76
Restaurant Schlüsselzunft [R] 67
Restaurant-Tram »Dante Schuggi« 51
Rheinbrücke [Rheinfelden] 134
Rheinfähren [MERIAN TopTen] **64**, 127
Rheinfahrten 151
Rheinfelden 132
Rheinsalinen [Rheinfelden] 132
Rheinschwimmen 31, 46, 90, 127
Rio-Bar 70, 125
Rollerhof [R] 126
Römerstadt Augusta Raurica [MERIAN TopTen] 63, **99**, 126, 141
Rostiger Anker [R] 102

EXPEDITIONEN
und die Welt im Gepäck

Ende 19. bis Mitte 20. Jahrhundert hatten ethnografische Expeditionen eine Blütezeit. Auch Basler Wissenschaftler reisten in alle Welt. Das Museum der Kulturen Basel zeigt vier seiner Expeditionen.

Expeditionen, Reisen, neue Welten. Mit abwechslungsreichen Themen richtet sich das Museum der Kulturen Basel an Menschen, die offen sind, zu entdecken und Anderes anders zu sehen. Herzlich willkommen!

www.mkb.ch

Museum der Kulturen Basel, Münsterplatz 20, CH-4001 Basel, T +41 061 266 56 00
Offen Di–So 10.00–17.00, jeden ersten Mittwoch im Monat 10.00–20.00

Rotterdam, Erasmus von 8, 110, 143
Rubino [R] 32

Sacher, Maja 113, 123
Safran Zunft [R] 67
Saint-Phalle, Niki de **64**, 114
Saline 132
Sammlung Ludwig 108
Sandoz, Edouard 144
Santa Pasta [R] 18, 92
S-Bahn 152
Schaulager 116
Schifflände 6, 12, 62, 126
Schloss Birseck 130
Schloss Bottmingen 104
Schweizerisches Architekturmuseum 116
Service 148
Silo am Rheinhafen 100
Skulpturhalle 116
Solebäder [Rheinfelden] 132
Sommerbar im Parterre 94
Spalentor 76
Spaziergang 124
Spielzeug Welten Museum Basel 116
Spielzeugmuseum Riehen 117
Sprache 139
St. Alban und Breite 82
St. Alban-Eck [R] 85
St. Alban-Fähre 127
St. Alban-Graben 58, **82**, 125, 127
St. Alban-Kirche 83
St. Alban-Teich 83
St. Alban-Tor 84
St. Jakob-Park 84
Stadtführungen 151
Stadthof [H] 24
Stadtmauer 45, 58, 74, 76, 82, **83**, 84, 142
Stampa 119
Stehlin d. J., Johann Jakob 112

Steib, Katharina und Wilfried 112
Steiner, Rudolf 97, 130
Storchennestturm [Rheinfelden] 134
Strassburger Denkmal 76
Straßenbahn/Tram 9, 31, 152
Stucki [R] 19, **28**, 104
Szymczyk, Adam 112, 125

Tanz/Musical 42, 81, 95
Taxi 153
Teehuus 72
Telefon 152
Terrazza Hangout [R] 18, 78
Teufelhof, Der [H] 24
Theater 43, 73, 81, 86, 95, 104
Theater Basel 43
Theater im Teufelhof 81
Thun, Heinrich von [Bischof] 90, 142
Tibits [R] 32
Tiere 152
Tierpark 13, 98
Tinguely, Jean **64**, 114
Tinguely-Brunnen [MERIAN TopTen] 9, **64**, 125
Tony Wuethrich Galerie 119
Tram/Straßenbahn 9, 152
Trinkgeld 152
Trois Rois, Les [H] 25, 126

Übernachten 22
Unternehmen Mitte 70

Valentino's Place [R] 94
Velotaxi 35
Verkehr 152
Verkehrsdrehscheibe Schweiz 118
Veronica [R] 85
Verwaltung 139
Villa Merian [Brüglingen] 98

Vitra Design Museum [MERIAN TopTen] 107, **118**
Vital Speisehaus [R, Goetheanum, Dornach] **34**, 97
Vogel Gryff 45, 64
Vogel-Gryff-Fähre/ Klingental-Fähre 126
Volkshaus Basel [R] 18, 92
Vollmondbar [R] 14, 104
Vorstädte 74
Vorstadt-Theater 86

Walliserkanne [R] 68
Wasserturm 100
Weißes Haus 60
Wettstein, Johann Rudolf 117
Wettsteinbrücke 82, 107
Widmer, Urs 9, 149
Wildpflanzenmarkt 34
Wirtschaft 139
Wohnen 39, 73
Wyyguet Rinklin 37

Zähringer 132
Zeitschriften 153
Zeitungen 153
Zimmerpreise 22
Zoll 153
Zoo Basel 51, **101**
Zum Braunen Mutz [R] **68**, 125
Zum Goldenen Sternen [R] 86
Zum Isaak [R] **68**, 126
Zum Kuss [R] 78
Zur Harmonie [R] 28
Zwingly, Huldrych (Ulrich) 139

Impressum | 159

Liebe Leserinnen und Leser,

vielen Dank, dass Sie sich für einen Titel aus unserer Reihe MERIAN *momente* entschieden haben. Wir wünschen Ihnen eine gute Reise. Wenn Sie uns nun von Ihren Lieblingstipps, besonderen Momenten und Entdeckungen berichten möchten, freuen wir uns. Oder haben Sie Wünsche, Anregungen und Korrekturen? Zögern Sie nicht, uns zu schreiben!

Alle Angaben in diesem Reiseführer sind gewissenhaft geprüft. Preise, Öffnungszeiten usw. können sich aber schnell ändern. Für eventuelle Fehler übernimmt der Verlag keine Haftung.

© 2014 TRAVEL HOUSE MEDIA
GmbH, München
MERIAN ist eine eingetragene Marke der
GANSKE VERLAGSGRUPPE.

TRAVEL HOUSE MEDIA
Postfach 86 03 66
81630 München
merian-momente@travel-house-media.de
www.merian.de

Alle Rechte vorbehalten. Nachdruck, auch auszugsweise, sowie die Verbreitung durch Film, Funk, Fernsehen und Internet, durch fotomechanische Wiedergabe, Tonträger und Datenverarbeitungssysteme jeglicher Art nur mit schriftlicher Genehmigung des Verlages.

BEI INTERESSE AN MASSGESCHNEIDERTEN MERIAN-PRODUKTEN:
Tel. 0 89/4 50 00 99 12
veronica.reisenegger@travel-house-media.de

BEI INTERESSE AN ANZEIGEN:
KV Kommunalverlag GmbH & Co KG
Tel. 0 89/9 28 09 60
info@kommunal-verlag.de

1. Auflage

VERLAGSLEITUNG
Dr. Malva Kemnitz
REDAKTION
Beate Martin
LEKTORAT
Rosemarie Elsner
BILDREDAKTION
Tobias Schärtl
SCHLUSSREDAKTION
Heidemarie Herzog
HERSTELLUNG
Bettina Häfele, Katrin Uplegger
SATZ/TECHNISCHE PRODUKTION
Sabine Dohme, Planegg bei München
REIHENGESTALTUNG
Independent Medien Design, Horst Moser, München (Innenteil), La Voilà, Marion Blomeyer & Alexandra Rusitschka, München und Leipzig (Coverkonzept)
KARTEN
Gecko-Publishing GmbH für MERIAN-Kartographie
DRUCK UND BINDUNG
Firmengruppe APPL, aprinta Druck, Wemding

Ein Unternehmen der
GANSKE VERLAGSGRUPPE

PEFC/04-32-0928

BILDNACHWEIS
Titelbild (»Helvetia«), dpa Picture-Alliance: U.Flueeler
arkivi UG 160 o. | Balz Klub 19 | Basel Tourismus 13 l., 40, 71, 96, 124 | Basler Papiermühle: R. Schmid 53 | Basler Personenschifffahrt AG: C. Merian Heck 12 | Blindekuh: U. Sprecher & A. Cortellini 15 u. | dpa Picture-Alliance: M. Rütschi 81 | ddp images 101, D. Kopatsch 48, W. Rothermel 44 | HinterdemBahnhofgehtdieSonneunter 14 | Fondation Beyeler: M. Niedermann 109 | foto76/shutterstock.com 30 | Fotolia: M. Desscouleurs 145 r., R. Heil 105, Laufer 141, G. Schmidt 6 | gemeinfrei 120, 140 l., 140 r., 143 | Getty Images: C. Kober 135, P. Thompson 144, J. Wilhelm 103 | Glow Images 43, 99 | Gasthof Neubad 17 | Hotel Teufelhof 25 | imago: Geisser 33, U. Kraft 15 o., Schöning 74, 136/137, Travel-Stock-Image 65 | interfoto: Bahnmüller 63 | laif: S. Sahm 29, M. Sasse 39, hemis.fr: R. Mattes 4/5, 20/21, 138, B. Rieger 106, 111, 113, 117, Keystone Schweiz: Bally 36 | Jahreszeiten Verlag 26, GourmetPictureGuide 79 | Les Trois Rois 22 | Look-foto: I. Pompe 2, 95 | mauritius images 58, 73, Alamy 67, 82, 88, 119, 160 u., Imagebroker: W. Dieterich 69 | A. Nowak 56 o., 57 l., 57 r. | Pantheon Basel 115 | Pharmazie Museum 52 | Prisma: C. Bieri 128/129, W. Egloff 56 u., Zoonar: G Fischer 50 | Restaurant Krafft: C. Aeberhard 93 | T. Schor 35 | Schapowalow 54/55 | shutterstock: A. Burmakin 145 l., leonid_tit 131, Neftali 142 r., M. Schäfer 13 r. | Standortmarketing Basel 47 | Terrazza Hangout 16

BASEL GESTERN & HEUTE

Seinen Namen verdankt der **Barfüsserplatz** (▶ S. 6) dem 1256 erbauten Kloster des Bettelordens der Franziskaner, damals auch »Barfüsser« genannt. Seit Eröffnung der Tram (1895) ist der von den Bewohnern liebevoll genannte »Barfi« eine zentrale Station im Streckennetz. Das Jugendstil-Tramhäuschen musste 1948 allerdings einem Neubau weichen. Die schmucke Häuserzeile und der Lohnhof (im Hintergrund) hingegen haben sich seit hundert Jahren kaum verändert.